# あなたの敵を愛しなさい

## 牧師になった元中国紅衛兵

李　北利［原作］　守部喜雅［編著］

いのちのことば社

暗黒は暗黒を駆逐することはできず、
ただ、光だけができるのだ。
憎しみは憎しみを駆逐することはできないのであって、
ただ愛だけができるのである。憎しみは憎しみを生じ、
戦争はさらに大きな戦争を生むといった悪の連鎖反応は破られねばならない。
そうでないと、われわれは絶滅という暗黒の奈落に投げ込まれるであろう。

マルチン・ルーサー・キング

# はじめに

一九九五年クリスマスの直前、加来剛希《かくごうき》牧師と私は婚約式を行いました。その写真を北京の実家に送り、それを見た姉妹たちは喜びました。

「大海原の荒波に揺られていた孤独な帆船は、今やっと港に入ったようで本当によかった。長女として私はホッとしました。」姉の大姐《ダーニュウ》はそう言いました。

「ほら、見て。私たちの新しいお兄さんはかっこいい紳士じゃない？」妹の三姐《サンニュウ》は、国連で通訳として勤めたこともあり見識が広かったので、剛希先生をそんなふうにほめました。

しかし、七十歳になる慈悲深い母はほとんど眠れなくなり、夜中に二回も起きて睡眠薬を飲んでいました。なぜなら母は若い時、父とともに血を流し火に焼かれるという過酷な八年間を、日本の侵略軍と相対して必死に戦ってきたからです。

一九四五年二月、抗日戦争の末期、私は山西省興県《さんせいしょうこうけん》で生まれました。そこは中国共産党八路軍の駐屯地で、日本軍と生き残りをかけた激しい戦闘を繰り返していた地域です。父は八路軍一二〇師三五八旅の将校でした。母は女性軍人の一人で、その師団本部の「戦闘劇社」に所属し、後に「戦闘新聞社」で現地記者として働いていました。

一九八八年、私が日本に留学することに母は反対しませんでしたが、まさか抗日共産軍家庭出身の自分の娘が、日本のキリスト教会の牧師と恋愛、そして嫁に行くことになるとは、まったく考えられないことだったのです。

私は日本で七年間の留学生活を送る中で、だんだん日本を愛するようになりました。伝統と現代的雰囲気がみごとに融合した清潔なこの国で、大勢の善良で誠実な友達とも出会いました。中には日中友好のため力を尽くしてきた人々もいます。その方々は、人類の良識と尊厳に基づき、日本が侵略戦争中に犯した罪を深く反省し、被害を及ぼした国々に心から真剣に詫びておられるのです。加来剛希牧師もそのような一人でした。

ところが母は、そのような私の気持ちが理解できませんでした。私には母の気持ちがよく理解できます。あまりに突然のことで、母が体験した数々の残酷で悲惨な戦争の記憶を乗り越えることは、確かに容易なことではありません。母は、退役した将軍やその遺族のために建てられた専用団地に住んでいます。隣人たちは、ほとんどが抗日戦争の戦友たちです。そこで日本人の娘婿を迎えることは、とうてい納得できないことでしょう。それに加え、加来剛希先生の父親、加来国生牧師は日中戦争中、軍人の一人として中国に出征していたのです。すなわち、私と加来剛希先生の親たちの世代は戦場で敵同士となり、対決していたということなのです。

目　次

はじめに　*5*

第一章　親たちは戦場で戦った

《中国編》…………………*15*

ついに勝利の知らせ／貧しい農家の少年／農村革命の中で
「長征」という奇跡／死からの生還／延安での出会い
激化する抗日戦争／抗日戦争の終結／日本八路軍

《日本編》…………………*41*

牧師の中国出征／パン屑牧師の行状記／再び召集令状
野戦病院をあとに／野戦病院の苦力《クーリー》／天津特設病院
天からの啓示／再び中国へ

第二章　戦争中の子ども時代
《日本編》……………65
熊本から天津へ／天津聖経神学院／非国民の子
《中国編》……………78
行軍の中の幼年時代／軍区保育園にて／級友たちは「勝利くん」
第三章　嵐の中をさまよう青春
《日本編》……………90
戦後の少年たち／貧しさの中で／警察の音楽隊
神学校入学、そして退学／バンドマンとして立つ
《中国編》……………108
さようなら北京／輝きに満ちた少女時代／躍進と大飢饉
日本から来た「夕鶴」／解放軍芸術学院／文化芸術への批判
共産党に入党／文化大革命の爆発／周恩来首相に会見／逮捕され牢獄へ

第四章　微かに見えた希望の光

《日本編》……………142
悲しいクリスマス・イブ／天使のような女性／涙とともに種を蒔く
新しい命の誕生／闇から光への転身
《中国編》……………159
遙かなるゴビ砂漠／セメント運搬競争／北京から来た手紙
ワンちゃんの慰め／ワンちゃんの死／天来の声・福音放送
林彪事件が起こる

第五章　それぞれの天路歴程

《日本編》……………182
再び神学校へ／神とともに歩む／宮崎の教会に赴任
教会での造反運動／肺葉切除手術／嬉野教会に赴任
恨みからの解放／のぞみ幼稚園

《中国編》……………………204
文化大革命の終焉／日本との出合い／キリスト教青年会
クリスマス・イブ礼拝／中日青年交歓祭／日本留学の夢

第六章　新しい出発、そして試練

《日本編》……………………226
さらば嬉野／都会の教会／路傍伝道／嘆きの谷を通って
《中国編》……………………241
幻滅の日々／神戸ＹＷＣＡ／厳しい生活の現実
労働災害保険／神戸中華教会／天安門事件
神が開かれたドア／聖和大学への道／沖縄修学旅行
戦争の悲惨さ／神戸に別れを告げて

第七章　あなたの敵を愛せよ……………………281

共立基督教研究所／居酒屋で働く／赦しの喜び
中国伝道の祈禱会／敗戦五十周年

第八章　神は愛なり・出会い……305
世界軍人キリスト者会／敵意は滅ぼされた
導かれた出会い／中国の思い出／女優として舞台に

第九章　神の家族として歩む……327
再びの出会い／苦しみの告白／婚約式／卒業論文

第十章　国籍は天にあります……343
北京での結婚式／暗闇から光へ／神は愛なり

おわりに　359

《解説》　今、中国で起こっていること（守部喜雅）　363
家の教会の誕生
労働改造所にて
四川省の村で
「ラブ・チャイナ」国際会議
中国へ聖書を届ける
黄土高原への道
壊される教会堂
〈参考文献〉　380

# 第一章　親たちは戦場で戦った

八路軍 120 師参謀長の父（1943 年）

## ついに勝利の知らせ

一九四五年八月十五日の明け方、中国山西省興県のある小さな山村。万物はまだひっそりと眠り、田んぼのキリギリス、巣の中のカササギも、すべては静かに夜が明けるのを待っている。母が生後六か月の赤ちゃんを抱きしめてぼんやりしていた。その時、軽く窓をたたく音、宿直当番の「首長、本部から電話です」という声、その後、父が外出する音が聞こえた。

突然、静寂が破られた。いつもは落ち着いて穏やかな父の、抑えきれない興奮した叫び声が村中に響きわたった。

「何ですって？　もう一度言ってください！　無条件降伏？　無—条—件—降—伏！」

母の眠気がいっぺんに吹き飛んでしまった。胸に抱いた赤ん坊を下ろすや、長い板のベンチにぶつかってひっくり返し、外に飛び出した。

「日本の鬼が降伏した！　日本の鬼が降伏した！」

中庭にすぐ人々が集まった。みな互いに日本降伏の事実を伝え合い、抱き合った。喜んで泣き出す者もいた。八年間の抗日戦争は勝利で終わった！　狂喜乱舞する人々はたいまつを灯し、四方八方から県役場のあるこの町に向かって集まり始めた。町の中ではすでに太鼓が鳴り響き、龍と獅子の舞が舞われ、爆竹が一斉に鳴らされた。

喜び祝う人々を眺めながら、父は感無量だった。八年前の盛夏、日本軍は巨大な武力をもって中国に一気に攻め込み、「三か月以内にシナの問題を解決する」と豪語していたのだ。国家の危機が目前に迫ると、国中で一時、「亡国論」と「速勝論」が入り乱れた。この時、毛沢東は「持久戦論」を主張した。「亡国論者は、敵を神のように、自分を雑草のように見なす。速勝論者は、敵を雑草のように、自分を神のように見なす。これらはすべて間違いである。……抗日戦争は持久戦をもって、最後は中国が勝利する。」

さらに、毛沢東は「人民戦争」の思想を強調した。「戦争の威力となる大いなる源は、民衆の中に存在する。」

父は早くから、毛沢東の言葉を流ちょうに暗唱することができた。しかし、八年間というもの、敵は手ごわく、持久戦はきわめて困難で、国は窮地に追い込まれていた。だが、父は強く信じていた。「毛主席に従うことが勝利である！」と。中国が勝利した年、父はちょうど三十歳。十五歳から毛沢東に従い、すでに十五年にわたる戦争を経験していた。

## 貧しい農家の少年

父は江西省井岡山区《こうせいせいこうざん》の貧しい農家で生まれた。祖父は小学校の教師で、郷里で一代目の共産党員として農民革命運動の積極的な指導者だった。

一九二四年、孫中山（孫文）が率いる国民党は、共産党とともに封建的な軍閥勢力を打倒するために北伐戦争を始めた。だが、孫文が亡くなると一九二七年、蔣介石は共産党員に対する大虐殺を始め、祖父はこの事変で殺害されてしまった。当時、父は十三歳で、祖父が殺されるのを目の当たりにした。祖父が死刑になる前に、父は県の牢獄に行って祖父に面会している。祖父は手で息子の頭を触って、一言だけ言い聞かせた。「しっかりとお母さんの面倒をみるんだぞ。」

数日後、家で祖父の遺体を埋葬した。その時から、十三歳の父は家族にとって重要な労働力となった。冬の農閑期、父は年上の友達数人と一緒に山奥へ入って薪《たきぎ》を切り、焼いて炭を作り、山の中の小さな製鉄工場に売った。昼も夜も、食べるのも寝るのも働くのも、すべて山の中だった。とてもつらかったが、初めて働いてお金を稼ぎ、父と友達は喜んだ。それから彼らはまた何度か一緒に、少年工として製鉄工場で働いた。父は一番若く賢かったので、製鉄工場の社長はそばに置いて身の回りの世話をさせたり、工場の労働者全員の食事の調理を担当させたりした。しかし、その工場も閉鎖になり、彼らは家に帰らざるを得なくなった。

それでも少年たちはあきらめなかった。手にしたありったけの賃金をはたいて製鉄工場の鉄の塊を買い求め、それを担いで約四十里（二十キロメートル*）の山道を歩き、県役場のある町まで行ってそれを売った。父は最年少で体力もないため、歩くうちに少しずつみんなから遅れていった。服はとっくに汗でびっしょり濡れ、寒くなって腹も減った。だんだん暗くなり、激しい風も吹いてきて、遠くからオオカミの遠吠えが聞こえた。しかし、後に戻ることはできない。気丈な父は、一生懸命に鉄の塊を担いで県役場のある町に着いたのだった。

## 農村革命の中で

誰も思ってもみなかったが、一年後、共産党が指導する土地革命が再び井岡山区で燃え上がった。一九二七年の大虐殺に直面した際、座して死を待たないと決意した共産党員は、都市部と農村部において数百回にわたり武装ほう起したが、ことごとく失敗した。この悲惨な失敗を通して、農民出身の毛沢東は悟った。中国で革命に勝利するためには、人口の九〇パーセントを占める農民の支持を得るしかない。そして農民の土地問題を解決した者こそ、農民の支持を得られるのだと。

一九二七年九月、毛沢東は秋収蜂起に残った千人ほどを率いて、毅然として遠く辺ぴな井岡山に入り、そこを農村革命の根拠地とした。毛沢東は星火燎原《せいかりょうげん》、すなわち「小さな火花でも原野を焼き尽くすことができる」と信じていた。

果たして四年後には、根拠地の人口は二百五十万人に増加するほど発展していた。江西省瑞《ずい》金《きん》地区で「中華ソビエト共和国」が創建され、土地法、労働法が公布された。軍隊も組織された——中国工農紅軍と呼ばれるものだ。

父は祖父の遺志を継ぎ、十五歳で共産主義少年先鋭隊の模範的な大隊長になった。そして十六歳で紅軍正規部隊に入隊した。小学校を卒業し読み書きの能力があるため、十七歳で推薦されて紅軍学校の政治団に入った。その当時、入学する者は共産党員でなければならなかった。当時父は十七歳で、入党する年齢に満たなかったが、優秀な人材であるとして上級者が検討し、特別に彼を共産主義青年団の団員から共産党員の身分に変えた。そして、党員の学びを終了すると、国家保衛大隊の副大隊長に任命され、参謀を務めた。

この時期、共産党は最大の危機を迎えていた。根拠地である井岡山区が国民党軍によって襲撃され、撤退を余儀なくされたのだ。ここから中国の歴史に残る「長征」が始まる。

## 「長征」という奇跡

「長征」は、国内外の歴史家たちに「人類の歴史の悲壮な奇跡」と称せられる。それは一九三四年のことだった。中国工農紅軍すなわち共産軍は、根拠地である井岡山区を蔣介石率いる国民党軍に占拠され、全滅の危機を脱し生き延びるために包囲を突破し、一年に及ぶ逃避行を強いられた。その距離二万五千里、約一万二千五百キロにも及ぶ大規模な撤退である。

瑞金から出発した八万の紅軍は、湘江を突破する際、七昼夜にわたる激戦で三万人にまで減ってしまった。この緊急事態に際して、中国共産党は毛沢東の主張を受け入れ、改めて敵の勢力が弱い貴州に向かって進軍することになった。当時、毛沢東は指導者のトップではなかったが、この戦略の変更が彼の権威を高める契機となったのである。敵の包囲網を突破し、貴州遵義城に着いた時に開かれた「遵義会議」において、毛沢東は権力の座に着いた。

遵義会議の後も長征は続いた。貴州の高い山々や険しい峰を、迫り来る国民党軍と激しく渡り合いながら進軍していった。紅軍の兵士は勇猛で戦い方がうまく、おまけにみな山登りには慣れていた。彼らの苦しみやつらさに対する忍耐力、体力は、幼い時から重労働の生活の中で鍛え上げられたものであった。貧しい農家の子どもたちは、四歳頃から両親に従って畑仕事をしていたからである。国民党軍の包囲を避けるため、紅軍はやむなく標高四千メートル級の大雪山を越え、果てしなく広い沼地を越えていった。そこはまさに、住む人もいない荒涼たる行軍路線だった。

父はその時、若くて体力もあった。大雪山を越える時、彼は山頂でみんなにさっさと山を下りるようにせきたてる任務を負った。というのも、頂上で座ってひと休みすると、空気が希薄なため、多くの人が再び立ち上がれなくなったからだ。

泥沼が広がる場所に入る前には、父は命令を受けて後衛を担当し、不幸にも左足に傷を受けた。沼地に入ると泥水の中を行軍するため、傷口が感染して化膿した。耐えがたい激痛に苦しむ父を見た団長は担架を持ってこさせ、団部から一人の若い雑役係を呼んで父の世話に当たらせた。この雑役係はまだ十三歳、江西省の瑞金出身で、軍隊に入る年齢に達していなかったが、彼自身の強い要望で入隊したのだ。とても利発な子で、みんなに〝ちび〟と呼ばれていた。

日が暮れて露営することになり、父は先頭部隊が木の枝で組んだ小屋に担ぎ込まれた。衛生兵に薬を塗ってもらい、担架係は供給部に戻って行った。夜が更けると、父の足の傷の痛みはますますひどくなっていった。翌日明け方、各部隊は前後して出発したが、父の担架を担ぐ係がなかなか来ない。雑役係の〝ちび〟は急いで供給部へ行って担架係を捜したが、供給部と担架係はすでにそこにはいなかった。部隊はすでに出発していたのだ。小屋にはただ、父と〝ちび〟の二人が残された。父は外に出ようとしたが、傷ついた足では動くことができない。どうしようかと考え、父は決断して〝ちび〟に言った。「君は部隊を追って行きなさい。途中で部隊の人に会うことができたら、私がまだここにいることを伝えてほしい。誰にも会えなかったら、君は気にすることなく部隊のあとを追ってそのまま行きなさい。」

〝ちび〟は立ち去らないばかりか、父の側を離れようとしなかった。父は彼をせきたてて言った。「早く行きなさい。君がもし私たちの同志に会えたら、私たち二人は希望があるということだ。しかし、君がもし行かないなら、私たちの部隊は後衛なのだから、あとから人が来るとは限らない。今、一人でも出て行けば、革命の力を少しでも保つことができるのだ。だから、さあ、早く行きなさい!」父に命令されて、〝ちび〟は泣きながら出て行った。

広大な沼地はとても静かだった。父は自分の拳銃を抜きながら、追いついた敵といつでも戦える用意をした。しばらくすると、遠くから叫び声が聞こえた。「李参謀! 李参謀!」父は自分の耳が信じられなかった。しかし、馬のひづめの音がどんどん近づいてきて、〝ちび〟が特派員の方正平同志を連れて戻ってきた。

父を見て方正平同志は驚き、「なんてことだ。李参謀、なぜ、まだここに一人でいるんですか」と言いながら、すぐに父を自分の白馬に乗せた。彼は偵察隊を率いて松潘方面の敵を警戒しながら撤退しようとしていた時〝ちび〟に出会い、急いでやって来たという。父が馬に乗ってみんなと一緒に行くと、すぐに大きな川辺に着いた。川は増水しており、〝ちび〟は馬の尾をぐっと引っ張り川を渡った。

沼地の天気は変わりやすく、時々夕立があった。〝ちび〟は岸に上がると全身ずぶ濡れで、寒さで顔色が真っ青になっていた。彼は寒さを追い払うため、側で跳んだりはねたりしながら進んだ。そして、ついに彼らは部隊に追いついた。みんなはとても喜んだ。露営する時、また小雨が降りだした。父は〝ちび〟を心配して、彼に羊皮のベストを着せ、自分の側に寝かせた。

明け方、雨はやんだ。父は側にいる〝ちび〟を起こしたが、なんと返事がない。揺さぶっても動かない。〝ちび〟はひっそりと死んでいたのだ。敵の砲煙弾雨の中で、険しい大自然との闘いの中で、父は無数の戦友が自分の目の前で倒れるところを目にしていた。今また〝ちび〟のやせっぽちの小さな体を抱きながら、この上なく心が痛んだ。〝ちび〟が皮のベストを着ないで二人でいっしょに寝ていれば、もっと体が温まったかもしれない……と経験者が言うのを聞き、父はひどく後悔した。〝ちび〟は自分を救うために彼の若い命を捧げたのだ。その後の長い行軍や作戦で、父は二度と自分に雑役係をつけさせなかった。苦難に満ちた沼地の行軍には一週間かかった。多くの人が飢餓と疲労で倒れ、この荒涼たる沼地で命を捨てた。

## 死からの生還

長征は一年余り続いた。陝西省《せんせい》の陝北《せんほく》に到着する頃には、紅軍の将兵たちの衣服はボロボロで、体は疲れ切っていた。父はこの時チフスを患ったが、医者と薬が不足していたため高熱が数日間続き、意識不明になっていた。一度呼吸が停止した時には、息を引き取ったものと見なされ、革命をやり遂げ地上の生涯を終えた戦友たち数名と一緒に、臨時の霊安室として使われていた古い洞窟に放置された。

その数日前、父が高熱でうなされていた時に、共産党総書記の張聞天同志が傷病者の見舞いに病院を訪れ、病床の父がまともな服すら着ていないのを見た。彼は病院から戻ると、父に服を作ってやるように、一枚の布を若い通信員に持たせて病院に使いに出した。その通信員は父と同じ村の出身だった。病院に着いた時、父がすでにその日の朝に病死したと聞いて非常に悲しみ、布を持って父の「遺体」の前に走って行き、泣きながら言った。

「李参謀！　李参謀！　どうして、亡くなったんですか。これは首長が私に持たせたあなたの軍服用の布なんですよ……」

若い通信員が泣きながら布を父の体の上に置くと、思いがけず、父のかすかな呻き声を耳にした。びっくりして肝をつぶした通信員は、気を取り直して、父が本当に呼吸しているかどうかを確認すると、急いで外に走って行き、大声で医者を呼んだ。「先生！　先生！　すぐに来てください。李参謀が生き返りました！」

二か月後、父は新しい軍服を着て退院した。張聞天総書記に到着を報告すると、張聞天は笑って言った。「あなたは運が強いですね。聞けば、すでにマルクスのところに行って到着したと報告したそうですね。」

父は言った。「はい、首長。マルクスが引き留めてくれなかったので、私はまた帰って来ました。」

父が笑いながらこの話をする時、私はいつも重い気持ちになり、あまり笑うことはできなかった。それにしても危機一髪だった。もし、張聞天首長が人をやってあの布を届けに来なければ、父は死んでいたかもしれない。そしてもちろん、私も生まれてこなかったのだ。

一九三五年十月、毛沢東は生死の境を生き抜いた五、六千人の紅軍将兵を率いて陝北に着き、陝北紅軍と合流した。一九三六年には他の各根拠地の紅軍も相次いで到着し、長征は終結した。当初三十万人いた紅軍は、陝北に到着した時にはわずか三万人弱になっていた。なお陝北行政区には延安《えんあん》県があり、ここが毛沢東による革命の拠点となり、現在では「赤い聖地」として特別視される場所となっている。

国民党軍を率いる蔣介石は、紅軍が再び陝北で勢いを取り戻すことを恐れていた。当時の中国は存亡の危機が迫っていた。華北事変後、日本軍が中国への侵略の手をますます強化しているにもかかわらず、蔣介石は依然として「外敵を退ける前に、必ず内部を平定する」という政策を堅持し、強力な軍事力を集中して陝北根拠地を包囲していた。

だが突然、転機が訪れた。国民党軍の東北司令官の張学良と西北軍の楊虎成司令官が共謀して、蔣介石を西安で拉致監禁、紅軍の周恩来との交渉を迫ったのである。彼らには、内戦にかまけて日本軍の侵略を許すようなことが断じてあってはならないとの危機感があった。蔣介石はやむなく内戦を中止し、共産軍と連合して日本軍と戦うことを決断した。国民党と共産党の「抗日民族統一戦線」が実現したのだ。紅軍は蔣介石の政府に属する国民革命軍第八路軍として編成された。その結果、形成は一変した。三、四万人だった紅軍は急速に拡大した。これは後の話になるが、抗日戦争に勝利した一九四五年には、共産党が率いる八路軍の主力部隊は百二十万人以上に拡大し、民兵は二百二十万人に達していた。

父は貧しい家の出のため、世界を変革する志を持って共産主義の思想を受け入れた。しかし意外なことに、その時、裕福な家庭出身の青年たちもまた、この私有制の消滅を目指す革命運動に加わった。新中国の指導者たち、劉少奇国家主席、周恩来首相、鄧小平副首相などの政治家たちも、自分たちが全人類を解放し真理のために戦っていると信じていたのだ。そのために彼らはあえて豊かな生活を放棄し、工・農民らと苦楽をともにして、後悔することなく目標に向かって前進した。私の母もまた、そのような知識階級出の革命家の一人であった。

## 延安での出会い

母の故郷は、湖南省洞庭の湖畔にある水産物や米の豊かな地方である。母は名門の知識階層の出身で、裕福な家庭の娘だった。長沙でも有名校の周南女子中学時代、前の席に座っていたクラスメートは楊展といい、毛沢東の最初の夫人・楊開慧の兄の娘だった。母は楊展の紹介で中国共産党地下組織に参加し、学内抗日救国学生運動のリーダーになった。

高校二年生の時に華北事変が勃発し、日本の侵略軍は大挙して華北に進撃した。母と楊展は一緒に抗日の根拠地である陝西省・延安に向かった。その途上、若い男女によく出会ったが、互いに口をきくことなく、同じ方向を目指して行進した。西安が近づくにしたがい、同行者はますます多くなった。西安から延安への道は、全国各地からの青年たちが合流し、歌ったり笑ったり、青春の活力と革命の情熱に満ち溢れていた。延安の抗日軍政大学はこのような青年を迎え入れ、彼らはここで政治や軍事を勉強し、その後、高らかに校歌を歌いながら抗日戦線へと向かって行ったのである。

その頃、父は延安の抗日軍政大学の軍事教員で、父と母はそこで出会った。父は当時二十三歳。沈着で能力もあり、経験も積んでいた。延安の革命根拠地は厳しい環境にあった。ヤオトンという洞窟が住居で、教室のような設備もなく、学生は野外で地面に座り、授業を受けていた。ある日、授業中に空襲警報が激しく鳴りだした。全員が一瞬のうちに分散避難し、その場から人影がなくなった。教壇の近くにいた母は、誰について逃げたらよいか急にはわからなかったが、ふと見ると、軒先で平然と頭を上げ、空をかすめる敵機をじっと見ている教員がいた。母は教員に従うのが最も安全だと思い、走っていって教員の後ろに身を隠した。警報が解除され、教員が後ろを振り返った時、目の前の小柄で愛くるしい影に気づいた。そして、思わず微笑《ほほえ》んで言った。「おちびさん、あなたはとても勇気がありますね。」

女子学生は軍事教員を見上げた。教員の落ち着いた眼と、達観しているようなようすに、彼女はたちまち、それまで抱いたことのないような安らぎと親しみを感じた。教員のほうも、こんな純真な女子学生に見つめられるのは初めての経験だった。父はあらぬ方向を見て胸の動揺を抑え、授業を続けた。しかしその出会いが、二人の心の中に忘れがたい光輝く瞬間を残したのである。

母と楊展は陝北で訓練を受けた後、ただちに日本軍と戦うため前線へと送り出された。しかし、途中で母は重い病にかかり、やむをえず楊展と別れ、根拠地の延安へ戻された。一年余りたって、楊展が戦闘中犠牲になったことを知った。母は深く悲しんだ。そして、戦火が飛び散るさ中でも、母はずっと楊展が送ってくれた二通の手紙を大事に持ち、いつの日か必ず、この二通の手紙を楊展の両親に届けようと決心した。

母は全快すると八路軍一二〇師に配置され、部隊に従って山西省の河北抗日前線に赴いた。すると偶然にも、父がその師の三五八旅の参謀長を務めていたのである。八路軍一二〇師の師長・賀龍が率いる部隊は勇猛で、バスケットボールやサッカーが強く、文工団の演劇も評判だったので、延安をはじめ各根拠地で人気があった。

一時、彼女はみんなが憧れるアイドルになった。父は野戦部隊にいたため、本部の会議で来た時だけ遠くから母を見ていた。そうやって遠くから眺めたり、たまにすれちがったりするくらいで、長い間、若い彼らは控えめだった。ただ心の中に、あの「抗日軍政大学」の授業で二人が出会った時の思いを大切に秘めていた。

戦火がますます激しくなり、離ればなれになるかもしれないという現実が、二人のそれぞれの思いをいっそう強くした。今は会っていても、次にまた会うことができるかどうか。ある激しい戦闘の後、二人はどちらからともなく手を握り合った。

## 激化する抗日戦争

二人が結婚すると、母は「戦闘劇社」から「戦闘新聞社」に移動した。ここで夜を日に継いで働き、文学と美術の才能を十分に発揮した。父は依然として前線で作戦を指揮し、本部で会議をする時しか母と一緒に過ごすことはできなかった。両親は戦火の中で青春の八年間を過ごした。その間、夫婦であっても、別離―再会―別離を繰り返した。だが、この戦争に必ず勝利するという信念で、二人は勇敢に立ち向かった。

一九四〇年、戦争は最も苦しい「峠」の段階に入った。日本側はそれを「戦争の泥沼化」と呼んだ。同年八月二十日から十月初旬まで、八路軍本部は華北地域で彭徳懐《ほうとっかい》将軍が総指揮にあたった「百団大戦」を起こした。父は彭将軍の下で指揮に協力していた。歴史資料によると、この百団作戦が日本軍の華北交通幹線を木っ端みじんに破壊し、日本軍二万五千人以上を殺傷した。八路軍の死傷者は一万七千人以上だった。

「百団大戦」の後、日本軍は華北の各根拠地に対して狂気じみた報復を行った。山地遊撃戦を得意とする八路軍は、現地の農民と生死をともにした。日本軍の遊撃戦に対抗する手段は「治安安全の強化」だった。日本軍は駐在地の周囲で大規模な掃討作戦を行い、「安全地帯」を作り、甚だしきに至っては、そこを「無人地区」と称し、村民全員を殺戮することもあった。

戦火の中で結ばれた筆者の母と父（1940年）

日本陸軍の岡村寧次大将は、戦後の「遠東国際軍事法廷」での裁判で、「全滅作戦」の事実を否定した。しかし、このような「全滅作戦」に参加した一部の元日本軍兵士は、良心の呵責から沈黙することができなかった。二〇〇四年八月、筆者がこの原稿を下書きしている時、ちょうど香港の鳳凰衛星テレビが元日本軍兵士を取材していた。その元兵士たちは六十年前の出来事をはっきり覚えていた。以下は、その時のテレビ番組から筆者が書き留めておいたものだ。

元五九大隊の小山一郎氏はこう述べた。「当時の命令は、村ごと破壊して抵抗する人がいればただちに殺すことでした。日本の軍人は命令に絶対服従で、上官の命令は国家の命令であり、天皇の命令だったのです。私は中国に五年おり、最初は殺害された中国人に同情を持っていたが、そのうちに戦場に慣れて、こうしなければ戦争に勝つことができないと思うようになり、当然のように人を殺し、人間から悪魔に変わったのです。中国人が私たちを〝日本の鬼〟と呼ぶのは、こういった事実があるからです。」

同じく元五九大隊の鈴木良雄氏の証言。「私と二人の少年兵が、放火した後に残っている家を燃やす命令を受けた。突然、おばあさんが走ってきて、一人の女性がちょうどそこで赤ん坊を生んだので、彼女の家を燃やさないでほしいと哀願しました。私はおばあさんを蹴って、彼女を二人の若い夫婦と彼らの子どもと一緒にその部屋に閉じ込め、放火して彼らを焼き殺しました。」

同じく元五九大隊の天埼新二氏の証言。「私たちは村人の家に入って、金も払わないで小麦を奪い取り、夜露営する時、彼らの農耕用の牛の一本の足を切って煮て食べました。農耕用の牛は農家にとって、とても貴重なものだと知っているのに、私たちはそれを食べたのです。」

これらの元日本軍兵士は、その時、すでに八十歳を超える高齢だった。若い時に日本の軍国主義精神の洗脳の下で、人間性が消滅して犯した罪状に対し、心安らぐことができないでいた。中でも小山一郎氏は、『鬼から人間へ――一兵士の加害と反省の記・戦争証言』で、「殺し尽くし、焼き尽くし、奪い尽くし」という、いわゆる「三光作戦」の経験を著している。その中で、一生忘れられない悪夢を記述し、歴史の動かぬ証拠として後世の人に残した。彼らが歴史の真実と真理を守ろうとする精神に、私は心打たれた。

## 抗日戦争の終結

両親が所属していた一二〇師が駐在していた山西省北西地区は、もともと土地が痩せており暮らしが非常に苦しかったが、日本軍による掃討後、人々はさらに貧しくなり、部隊の供給物資も乏しくなったと母から聞いたことがある。この苦難に満ちた歳月の中で、母は私の姉を生んだ。当時は、戦場でも「戦略的退却」をするほかなく、戦いが終わるたびに八路軍はその地区から撤退した。それを見た現地の村民の中には不満が募り、罵る者もいれば、「日本の鬼が来ると、飛行機、戦車、大砲が来る。八路軍が来ると、ただ会議をしてスローガンを貼って叫ぶだけだ」と皮肉を言う者もいた。

しかし、一九四三年になって状況は大きく変化した。日本軍の蛮行が中国の全民族に憎しみの火をつけたのである。会議を招集しスローガンを貼って叫ぶことによって、八路軍は広く大衆を立ち上がらせ、軍民一丸となって軍事訓練や農業生産を行い、戦列を拡大するだけでなく、さらに広く民兵と遊撃隊を組織した。日本軍の「全滅作戦」に対し、彼らは地下道で、地雷で、包囲網で、あらゆる戦いを試みた。地形を利用して大勢で少数に勝つ――行軍中の敵を取り囲み、待ち伏せして攻撃することは、彼らの得意な戦術だった。捕虜になった日本軍兵士は、「この生涯で、意外にもアリの群れがトラに勝つことを経験した」と感慨深げに言った。

抗日戦争は中国の歴史上、初めて国民が一丸となって侵略戦争に抵抗した戦いであった。共産党の毛沢東と国民党の蒋介石は互いに対立したが、民族の独立と尊厳を守ることにおいては意見をともにした。北京には今なお、張自忠路をはじめ、戦争で勇敢に戦い命を捧げた国民党軍の愛国の将校を記念して命名した道がいくつかある。数えきれない国民党軍の愛国の将兵たちは、抗日戦争で勇敢に奮戦した。その功績は消えることはない。

一九三八年八月の「台児庄戦役」では、国民党軍四十万人の軍隊で、七、八万人の日本軍と会戦した。日本軍はついに壊滅状態になり、包囲を強行突破するほかなくなった。日本軍には死者の遺体を火葬して日本に持ち帰るという伝統があったが、非常に緊迫した状況で死体を焼く時間がなく、左手だけを切って持ち帰ったという。当時参戦し退役した元国民党軍の兵士の記憶では、日本軍が惨敗し撤退した後の戦場を片付けている時、至るところで左手がない日本軍の死体を見たという。左手が刀で二、三度切られた痕があるもの、切り離せずそのままになっていた死体もあったといい、その時の戦況の凄惨さを物語っている。

## 日本八路軍

私は父から、一度も戦場の話を聞いたことがない。戦争はきわめて残酷で、血なまぐさいからである。指揮者の責任は、できるだけ少ない代価で大きな勝利を得ることにあるという。父は人情味ある小話をするのが好きだった。日本軍隊は武士道精神がとても強く、捕虜になるより自決することを選んだため、初めは捕らえられずにいたが、やがて自決する者が少なくなり、捕虜が一人、また一人と増えてきた。ある日、戦場を偵察している時、日本軍の負傷兵が銃を持って自殺しようとしたので、兵士が急いで駆け寄って倒し、父がその銃を奪った。臨時の病院に運ぶ途中、その日本兵は何度も担架の上から自ら転げ落ちようとするので、付き添っていた中国人兵士たちは、やむなく担架にその日本兵を縛って動けないようにしたという。

また、父はしばしば日本軍捕虜と語り合い、彼らが考え方を変えて「在華日本人反戦同盟」に参加するよう説得した。父によると、八路軍の軍民一致、将兵一致の気風や、捕虜を優遇し虐待しない政策は、日本人捕虜に深い印象を残したという。「戦闘新聞社」の記者であった母が書いた「戦地記事本」の中には、いくつもの日本人捕虜の証言が紹介されている。

けがをしてから、もう一か月が経ちました。八路軍の諸兄の真心のこもった看護と治療によって、多少の痛みは感じますが、大部分は治りました。八路軍の諸兄、このようにご面倒をおかけしまして、どのようにあなたがたに感謝すべきかわかりません。以下のとおり言葉を書き残します。もし、私が十歳若かったら、きっとあなたがたと一緒に戦線に立って先進したことでしょう。しかし私は三十一歳になり、家には六十歳の母がおります。

父は十三年前に他界し、残された二人の妹はすべて私に頼って暮らしています。そのため、どうしても、あなたがたのもとを離れなければなりません。しかし私は、自分がプロレタリア階級であり、その私は同じ日本のプロレタリア階級を喚起するべきである。そして、これが私の急務ではないかと感じております。私が出征してからもう四年が経ちました。家に帰るべき時が来ました。今後、私は『アリの群れがトラを殺す』という教訓を手本にして、私たちの道を、世界に向かって前進します。（一九四一年十一月二十四日、佐々木喜一　コーリャンのベッドの上にて）

中には、高校、大学などで高い教育を受けた人もいた。このような人は道理をはっきり理解し、速やかに意識を変革できた。そして、父たちと一緒にこの野蛮で不条理な戦争を終止したいと願ったのである。彼らは中国軍が没収した書類の翻訳に協力するようになり、中国軍の兵士と民兵に、没収した日本式の武器の使い方を教えた。前述の自決しようとした日本軍兵士は、その後、延安の日本人工農学校で学び、学業終了後、父がいる部隊に戻ってきた。ちなみに、当時の延安の日本人工農学校では、日本共産党の指導者の一人、野坂参三氏が教師として教えていたことが史料に残されている。

父はその日本人兵士について、こうも言っている。「彼には才能があった。ハーモニカが吹けて、歌もうまかった。戦士と大衆はみんな彼の歌が好きで、戦闘劇社の俳優はドジョウすくいの踊りを習うために彼のもとへやって来た。戦場でも彼は活発で、双方の軍隊が対峙する時など、しばしば日本軍に向かって投降を呼びかけた。夜になると、彼は数人を連れて日本軍の砲塔の近くに潜伏し、砲塔の中の日本軍に向かって呼びかけた。このような呼びかけは挑発ではなく、逆にまるで世間話をするように、時には日本の民謡などを歌った。彼が歌い始めるだけで、砲塔の中の日本軍はとても静かになった。」

私は日本に留学していた時、幸運にも、このような「日本八路軍」に属していた二人の日本人に出会ったことがあった。一人は「中国人留学生の父」と呼ばれている大阪日中友好協会会長の新山博久さんである。彼は医師で、いつも留学生を無料で診察して薬も出してくれた。もう一人は田辺岩男さんで、私が帰国する飛行機の中で偶然出会った。

それは、私が初めて飛行機に乗った時だった。搭乗後、後方に空いた席がたくさんあるのに気づき、勝手に窓側の座席を選んで座った。まもなく日本人らしき男性も来て、きれいな中国語で私に言った。「あちらが狭いので、私もこっちに来て座ることにします。」

私は思わず聞いた。「あなたも中国人ですか?」

「私は日本人です。」

「日本人？」

私の困惑した顔を見て、彼は説明した。「私は八路軍です。」

私はびっくりした。「八路軍？　私の父も八路軍ですよ。」

八路軍の次の世代が、飛行機の上で日本の八路軍のおじさまに出会い、急に親近感が増した。彼は私に、抗日戦争が勝利した後も中国に残り、人民解放戦争に参加したと言った。

前へ、前へ、前へ
私たちの隊列は太陽に向かって
足は祖国の大地を踏み
背には民族の希望を背負っている

彼は楽しそうに「解放軍行進曲」を歌い始め、私は思わず彼と一緒に歌った。彼は一気に歌い終わったが、歌詞を私よりよく覚えていた。彼は元「四野」（解放軍の第四野戦軍）に属し、司令員は林彪《りんぴょう》だったと言った。「四野」――それは東北から海南島までの南下部隊だ。この日本八路軍のおじさまは、新中国の創立のためにも血と汗を流したのだ。

　客室乗務員が夕食を運んできてくれた。デザートは私が好きなフルーツジャムのケーキで、日本八路軍のおじさまは笑って彼のデザートまでくれて、「遠慮なく食べなさい。医者から甘いものは禁じられているからね」と言った。

　その時、私はすっかり彼が日本人であることを忘れ、彼と中国の八路軍のおじさまたちは何も違わないと思った。別れる時にいただいた名刺には、京都府日本中国友好協会副会長とあった。今回、京都府の友好都市である西安市へ友好訪問するとのことだった。残念ながら、父は二年前に亡くなってしまった。もし、この日本八路軍同志に会えていたら、どれほど喜んだことだろう。

＊中国の一里は約五キロメートル。

## 牧師の中国出征

「夏の盛り八月に朝鮮を出発し、満州、天津を経て正定に到着した。四十日間の行程で一度も風呂に入らず、体からは不快な臭気が漂っていた。」

加来国生《かくくにお》牧師は自著『パン屑牧師の行状記』の中で、中国出征当時のようすをこう書いている。一九三七年七月の「盧溝橋事件」勃発後のことである。加来国生三十五歳、小倉ではキリスト教会の牧師として働いていた。同行兵士の中では古参のほうであった。二度目の徴兵だが、二十歳で初めて入隊した時には北九州の小倉の病院で薬剤師をしていた。今回は若い兵士とともに野戦予備病院二八班に配属された。一行は百七名、士官たちの多くは軍医や軍医補佐、行政の長である。

激しく照りつける太陽で背中を汗まみれにし、列車、船、トラック、そして徒歩で、日本軍は隊列を組み、一路中国の河北へ向かってひたすら行進した。加来国生の目には同行の士官たち、特に若い兵士の一人ひとりが意気揚々として見えた。彼らの心にある神聖な祖国、大日本帝国は、今まさに日章旗の太陽が昇るように勢い盛んであった。アジアの島国日本は、もはや半世紀以上前に欧米列強による不平等条約に屈した弱国ではなかった。今や富国強兵の日本は「鬼畜米英」の植民地主義者からアジアを解放し、大東亜共栄圏を樹立しようとしていた。

　三年前、日本軍はほとんど抵抗を受けることなく中国の東北三省を占領した。軍部も「三か月以内にシナの問題を解決するだろう」と豪語した。必勝の神話に励まされた若い兵士たちの四十日間の強行軍は、血と火の海の戦場に馳せ参じるというより修学旅行のようでもあった。

　部隊が河北省正定県に到着すると、休息の後すぐに野戦予備病院を開設するよう命令を受けた。しばしの休息が与えられ、四十日間の行軍の末にようやく熱い風呂に入ることができた。若い兵士たちは小川でドラム缶を改造した野戦風呂用の桶をトラックから降ろし、湯を沸かした。加来上等兵は古兵ゆえに、一番風呂に入る特権を得た。兵站部派遣の湯を沸かす中国の苦《クー》力《リー》は無意識か故意か、または言葉が通じないのか、水をくれと頼んだのに、大きな柄杓《ひしゃく》いっぱいの湯をザァーッと加来の太ももにかけてしまった。左大腿部にやけどを負った気の毒な加来上等兵は、かくて病院開設第一号の傷病兵となった。

　数日後、野戦予備病院は転戦命令を受けたが、加来だけ現地の兵站病院に回された。負ったやけどはひどく、かなりの重症だったのである。兵站病院は、病院といっても数室の簡素な平屋で、土間にはアンペラが敷かれ、窓が小さいので薄暗かった。窓の外ではせみが鳴き、真夏の昼の暑さを際立させていた。大陸の夏は炎暑で、すぐに汗が体から噴き出てきた。やけどは治りにくかった。加来上等兵は、そのうだるような暑さの中、一人寄る辺なくアンペラの上に横たわり、痛みに耐えていた。

ある時、手を伸ばしてリュックから愛用の聖書を取り出そうとすると、ページ扉から一枚の家族写真が床に落ちた。

写真は二十九歳の妻、静江が生後半年の赤子を抱いて加来牧師の側に座り、夫婦の傍らにはそれぞれ十歳の長女、八歳の長男、六歳の次男と三歳の次女が寄り添っている。彼らを見ていると、一か月前、北九州の小倉駅で部隊が出発する際の情景が再び眼に浮かんできた。駅には現地の「愛国婦人会」によって結成された送別の人々がいた。彼らは手に持った日の丸の旗を熱狂的に振り、「出征おめでとう。おめでとう。万歳！　万歳！」と大きな声で叫んだ。人々は歓声をあげたり高らかに歌ったりして、この戦争を聖戦とたたえ、ほとんどの日本人の心は「国民皆兵」の思いで燃えていた。だが、加来国生の心の奥底には、それとは異なる感情があった。

加来国生は敬虔なキリスト教徒だった。また牧師であるため、すべての行いは聖書の教えを規範とすることを戒めとした。彼は天地創造の神を信じ、イエス・キリストこそ人類を罪から救う救い主であると信じていた。だから、日本中が天皇を現人神《あらひとがみ》と崇め、天皇のため命を捨てることが称賛されるような世間の風潮に激しく反発した。彼にとっては天皇も一人の人間であり、神ではないのだ。真理であるキリストを人生の唯一の生きるべき規準としてきた加来牧師は、時代の波に流されまいと祈り続けた。

中国に出征する前のことである。野戦予備病院二八班が組まれた日に、兵士全員が靖国神社を参拝することになった。靖国神社には明治維新以降の戦没者が祀られており、「軍神」神社として国民が誇りとし、ここに祀られることは人生最高の栄誉とされた。当時、軍隊の仲間と別れる際には、互いに「天皇に忠義を尽くし、靖国神社で会おう」と励まし合った。加来と野戦病院の士官、兵士総勢百七名が靖国神社の祭壇の前に整列すると、指揮官は「最敬礼」を号令した。その瞬間、加来牧師の脳裏に聖書の言葉の一節が浮かんだ。

「あなたは、わたしをおいてほかに神があってはならない。」

この旧約聖書・出エジプト記二〇章三節の言葉は、加来牧師にとって天来の声だった。「最敬礼！」の号令に、他のすべての兵士は深く頭を垂れ最敬礼をした。その中でただ一人、加来牧師は直立したままで成り行きを見守った。周りの兵士たちは自分のことで精いっぱいで、それに気づかないようすだった。しかし帰営すると、加来は指揮官の少尉に呼び出され、「なぜ参拝時に敬礼を拒んだか」と詰問された。上官は部下の不祥事を見逃してはくれなかったのだ。加来はきっぱりと言った。「私は牧師です。班員のため密かに祈る役目は自ら任じていますが、偶像礼拝はしません。」少尉はしばらく彼を睨みつけていたが、加来の凛《りん》とした態度に圧倒されたのか、意外にも「では、今後は参拝に行かないように」と理解してくれた。

## パン屑牧師の行状記

加来国生は一九〇二年（明治三十五）、福岡県八津日村の一般農家に生まれた。小学校卒業後、十三歳で単身京都へ行き、壁を塗ったりする左官工に弟子入りした。当時、農家の子が手に職をつけ独立できれば、近所から羨望のまなざしで見られた。十六歳の時、路傍でキリスト教の話を聞いた加来少年は、その話に魅力を感じて教会に行くようになった。加来は幼い頃から父に誘われて毎日のように酒を飲み、十代で酒の味を知った。性格的に短気で、よくカッとなり喧嘩もした。思春期の抑えがたい欲望に悩む日もあった。しかし、教会での信仰生活に慣れてくると自然と酒もやめ、悩みを乗り越え、感謝と喜びを少しずつ体験するようになった。

十六歳でキリスト教の洗礼を受けた加来少年は、自分の体験した喜びを子どもたちに知らせたいという夢が与えられた。そこで日曜学校の先生に志願したが、牧師からはあっさり断られた。牧師は彼の能力に不安を感じていたのだ。それでも彼は諦めなかった。友人と一緒に教会の外で集会を始めたのだ。タンバリンを鳴らし賛美歌を歌ったりして、近所の子どもたちを集めた。イエスの物語をわかりやすく伝えたりしているうちに、数十人の子どもが親たちと一緒に集まるようになった。

半年が過ぎてクリスマスが近づいてくると、加来は子どものクリスマスの集いへ牧師とアメリカ人宣教師を招待した。牧師は驚き、いささか怪訝なようすだったが、宣教師は「本当にすばらしい。これは私の献金です。子どもの伝道に使ってください」と、彼の手に十円を押し込んだ。

十八歳になると加来青年は神学校に入学し、将来は牧師になりたいと、当時属していた教会の牧師に願い出た。牧師は少し考え込んだ末、じゅんじゅんと加来に説いた。伝道者は決して華やかな生涯でなく実にいばらの道で、それに耐えることは困難であることを強調し、最終的には入学推薦書を書くことを拒んだ。教会聖職者の推薦がなければ神学校には行けない。

当時、教会では別の青年も神学校へ行く準備をしていた。彼は実業家の息子で優秀な青年であり、牧師はたいへん高く買っていた。このことは加来に苦痛とやるせなさを感じさせた。生まれがいやしく、小学校の学歴しかない左官工なので、牧師の信頼を受けることができないのか。牧師館を出て海岸をそぞろ歩きし、潮風が心の迷いや不平を吹き払ってくれることを願った。歩くほどに心は徐々に平静になっていった。彼は決して気落ちしていなかった。自らが献身し伝道者になりたいのは神の召しと導きを受けたからで、生まれと学歴で神は軽視したりしないと信じた。イエスの弟子たちも学歴はなかった。いや、イエスも学歴がなかった。彼らの福音を伝える権威は、神が与えてくださる賜物であり、世の人が与えるものではない。

彼はまた思った。新約聖書でユダヤ人からよそ者として蔑まれていたカナンの女が、イエスに病気の娘を救ってほしいと懇願した時のことを。その女は、「主よ、どうか、生まれの賤しい私にほんの少し、ユダヤ人の子どもの指から落ちるパン屑ほどの小さな恵みをください」とつつましく願った。イエスは、そのカナンの女の謙虚さと信念をたたえ、女の願いどおりに娘の病気を癒された。加来青年は、このカナンの女と自分自身の境遇を重ね合わせ、自分にもイエスが恵みを与えてくださると心から信じることができた。

十八歳の加来が海岸から無言で帰宅すると、彼の目に飛び込んできたのは、机の上に置かれた米国の宣教師ウイリアム・エコール氏からの親書と旅費だった。加来は深く感動した。神はすべてを知り給う。全身全霊で神に献身すれば最後は必ず道が開かれる。

一九二二年（大正十一）、二十歳の加来国生は、熊本のナザレン神学校で学んでいた時に最初の召集令状が来た。その時はまじめに励んだため衛生兵に選ばれた。二年後、兵役が満了となって一時期牧師として働き、再び東京聖書学院に入学してさらに研鑽を積んだ。一九二七年（昭和二）、二十五歳で東京聖書学院を卒業し、広島県の呉キリスト教会で主任牧師となった。同じ頃、二十歳の大沢静江と結婚した。静江は神戸のミッション系女学校の学生で、半年前に加来神学生と婚約し、その後退学して教会に住み込み、牧師夫人となるべく修業を積んでいたのだ。

新婚旅行は列車で赴任地の呉へ。二十五歳の青年牧師は二十歳の美しい花嫁を連れて、二人は限りない感謝に満たされていた。出発にのぞんで加来牧師は、見送りに来た恩師、学友、信者、友人とのお別れに慌ただしかった。そのため発車のベルが三度鳴っても気づかなかった。列車は多くの荷物に囲まれてシクシク泣いている花嫁を乗せて出発してしまった。列車が呉の駅に着いた時、出迎えの教会の人々は驚いた。花嫁一人だけが列車から降りて来たからだ。トンマな牧師は次の列車に急ぎ乗り込み、三時間後ようやく呉の駅に着き、花嫁と再会できた。

この時、加来はまだ経験の浅い若造であったが、その後の十年は加来牧師夫妻にとって特別に心温かく、思いやりに満ちた時期であった。呉キリスト教会で基礎固めをし、二十九歳から三十五歳までの間に北九州の直方、八幡、および小倉に相次いで伝道所を開設した。

この間、家族にも恵まれ、三男二女が与えられた。一九三二年（昭和七）に生まれた次男の剛希は特別な子どもであった。生まれた時からして、羊水袋のまま出て来たのである。助産婦は「生涯にたくさんの赤ん坊を取り上げたが、こんなのは初めてだ。これは将来大きな人物になるばい」と言った。健康で活発、わがままに振る舞う剛希は、母からの特別な愛情を受けて育った。数年後、母は語っている。「剛希、あんたはお母さんが生涯で一番、主の祝福を受けていた時の子よ。」

## 再び召集令状

一九三七年（昭和十二）、加来国生に二度目の召集が来た。大きな赤紙に印刷された「召集令状」が来た時、福音伝道に専念していた加来牧師にとって、これは伝道の仕事を断念して愛する妻子のもとを離れ、不正義の戦争に身を投じなければならないことを意味していた。実に残酷な現実だが、どうすることもできなかった。この年七月、北京近郊の盧構橋で日本軍と中国軍が衝突、その事変は日中戦争の発端となった。加来はその一か月後、再び中国の地を踏むことになる。

別れの前夜、近隣の教会の牧師数名と教会の執事が来宅し、今後の教会に協力を惜しまず、加来の家族の面倒をみることを承諾した。客人が去り、五人の子どもたちが床に入ると、妻・静江は加来の胸で忍び泣いた。

早朝、加来は奉公袋一つを携え、指定の小倉陸軍病院へ向かった。静江と子どもたち五人は教会の屋上で彼が遠ざかるのを見送った。加来は深くため息をついた。今日は日曜日だ。今頃は教会の礼拝が終わった頃だろう。静江や子どもたちは何をしているだろうか。

やがて、出立の日が来た。後ろ髪を引かれる思いで、加来は中国へと再び出征したのだ。


「加来牧師!」突然、聞き覚えのある声がした。一瞬、幻覚かと思った。すると、見慣れない人影が目の前に現れた。なんと親友の森田牧師ではないか。彼とは出征前に北九州のある集会で、同じ牧師仲間として会っていたのだ。それが今は中国の地で、しかもお互い軍服姿で出会うことになった。あまりの環境の変化に、二人は夢を見ているような錯覚に襲われた。前にも述べたように、当時加来は河北省正定県の野戦予備病院で、大やけどを負った体の治療を受け、病院のベッドで痛みと戦っていた。

森田牧師は兵站病院の看護兵として召集されていた。看護と言えば赤十字を思い出すが、そのためか、十字架をシンボルとするキリスト教会の牧師は、医療看護の仕事に就くのが最適と思われていた。そして今、加来の目の前にいる森田牧師は、異国の地で孤独な自分を慰めてくれる、神から遣わされた使者のように見えた。その後五十日間、二人は朝夕をともにし、祈り、神が彼らに与えた使命を考え、戦争について腹を割って議論した。

加来はある日、病院のベッドで夢を見た。富士山の山頂は晴れ渡っていたが、ふもとでは濃い霧が立ち込めており、それが日本の敗戦を暗示しているようにも見えた。彼は夢のことを森田牧師に話して聞かせた。当時日本軍の進撃はさらに勢いを増し、日本人の多くが「大日本帝国、大和魂は不滅である」と固く信じていたが、祖国日本を心から愛する森田牧師も加来同様、この不正義の戦争の結末に不吉な予感を抱いていた。

森田牧師はその時、鬱積した苦々しい思いを次のように語った。「昔から宣戦スローガンは大義のため断固とした態度を示すものだが、いったいわれわれはアジアを解放しているのか、それとも略奪しているのか。周りの中国人苦力の視線に、われわれに対する敵視と心の屈辱を感じたことはないか。これは一八五三年に米国のペリーが軍艦四隻を率いて、無断で江戸湾に突入してきた歴史を思い起こさずにはいられない。その時の日本は深窓の令嬢のように、突然荒々しく襲来してきた賊に面して屈辱、怖れ、無力を感じた。屈辱的な耐え難い不平等条約に署名せざるを得なかった。明治維新後、日本は非常なスピードで富国強兵に歩みを進めた。われわれは西側の先進的文明を学んだが、不幸にも、野蛮な植民地主義の政策も身につけた。日清戦争後、清国政府と結んだ下関条約は実に容赦のないもので、割譲に加え二億両もの賠償金を要求している。日本人が愛国の熱狂に浸る中で、提灯をかかげ日の丸を振り勝利の祝賀に酔っている時、われわれ日本人がかつて受けた屈辱や痛みを十倍、百倍にして、同じアジアの同胞の朝鮮人や中国人に無理に押し付けていることを、誰か気がついているのだろうか。われわれは鬼畜米兵というが、われわれ自身はどうなのか。」

加来も思わず、深いため息をついて言った。「日本政府の〝大いに皇基を振起すべし〟というスローガンは、天皇への信仰を人為的に極端に重んじ、ヨーロッパの中世の神権政治のようだ。人を神と崇めるのは妄信の強い求心力であり、これは祖国日本にとって幸福なことなのだろうか。」

二人は深いため息とともに、愛する祖国日本の行く末を憂えた。そして二人はキリスト教徒として、一つの聖書の言葉を思い出した。「神は、神を愛する者たち、すなわち、ご計画に従って召された者たちと共に働いて、万事を益となるようにして下さることを、わたしたちは知

っている。」（新約聖書・ローマ人への手紙八章二八節）

加来牧師は言った。「しばらくしてからか、それとも数年後かもしれないが、神が私たちをここにお連れになった意味がわかるかもしれない。私たちは神の使徒であり、神のご遺志によって召された者だ。ここに来られたのは神のご計画だと思いたい。少なくともわれわれは、この不正義の戦いの目撃者なのだ。」二人の牧師は思わず、互いの手をぎゅっと握りしめた。そして、全能の神に、自分や家族のため、日本、そして中国のために祈りを捧げた。

## 野戦病院をあとに

十月になると、秋風がさわやかで気持ちがよい日々が続いた。加来牧師はついに、傷が癒えて退院することになった。森田牧師とともに駅にやって来た。だが、汽車のダイヤがあるわけでもなく、次に来る汽車に乗ろうと待っていると。線路の向こうに列車ならぬ機関車が煙をはいて停まっていた。近寄って、「この機関車はどこに行きますかと問うと、「どこか知らんが南のほうに行く」と機関兵が答えた。「では乗せてください。」

加来は森田牧師と握手をして別れ、やはり本部隊を捜しているもう一人の兵士とともに後部の石炭車に乗せてもらって出発した。途中、機関車がある駅に停車したので二人も降り、別れてそれぞれの部隊を捜しに出かけた。周囲は見慣れぬ場所で、加来はいったいどこへ向かったらよいのかわからず駅前でうろうろしていると、前方に一台のトラックが停まっているのを見つけた。

「このトラックはどこへ行きますか。」

「石家荘。」

「では、乗せてください」と、相手の返事を待たずにトラックに乗り込んだ。トラックはでこぼこ道を数時間揺れた後、速度を落として現地の兵站を捜し始めた。ある場所に差し掛かった瞬間、「ここだ」と思った加来はトラックを降りた。

トラックは走り去り、加来は一人そこに立って周りを見回し、ぞっとした。眼前の光景はいまだかつて見たことのない、想像すらできないものだった。激戦後の戦場の目を覆いたくなるような惨状。人間の尊厳、命の尊厳が蹂躙され、傷つけられ、破壊しつくされていた。城壁の外に幾重にも無数の人や馬の死骸が積み重なっているのを見た。そこには女性や子どもの死骸も横たわっていた。

「これは、日本兵による残虐行為の証し……。」思わず、森田牧師が兵站病院で、「解放か、それとも略奪か」と話していたのを思い出した。加来は悲しみと憤りのあまり目を閉じた。

「殺戮だ、残忍な殺戮だ。」

彼はひたすら、この「死者の地」から逃れたかった。すべてが死んでいた。生きているのは血に飢えた数匹の野良犬と頭上を飛ぶカラスだけだった。殺戮の現場を通り抜けて城門を捜し出すと、加来は城門の側面に「野戦予備病院二八班」と書かれた標識を発見した。ようやくほっとして、心の底から絞り出すようにかすれ声をあげた。

## 野戦病院の苦力《クーリー》

加来国生が野戦病院に戻ると、戦争の進展に伴い一日で数十人の重傷者を収容して治療するため、意識がもうろうとするほど忙しい日々が続いた。加来は薬剤室から病棟への異動を願い出た。患者に一人でも多く接してこそ、牧師としての使命が果たせると思ったのだ。しばらくして、加来は伝染病棟の室長になった。病棟には五十床のベッドがあり、二人の看護兵と五人の中国人苦力がいて手伝いをしてくれた。苦力の多くは強制的に徴用された者、あるいは捕虜となった二十～五十歳の男子で、めったに口をきかず、支持された雑事をこなしていた。苦力に対する日本兵による暴力は目に余るものがあった。

ある日の午後、加来室長が病棟の巡回をしていると、突然、当直室で准尉が一人の苦力を拷問にかけて痛めつけている現場に出くわした。思わず近寄って聞いた。「どうしたんですか?」准尉はそれには答えず、怒りを露わにして、そばにいた兵士に「わしの部屋から日本刀を持って来い。ぶった斬ってやる」と命じた。

一瞬、周りが凍りついた。その場にいた全員が彼に注目した。加来は激しく感情が高ぶり、怒りで全身が震えた。「准尉閣下!」加来はもう我慢ができなかった。ついに口をついて抗議した。「准尉殿、あなたはそれでも日本軍人ですか。それが日本精神ですか。」

准尉は加来を睨みつけ、周囲を見回すと、向きを変え憤然と立ち去った。その場にいた日本人は口々に言った。「加来先生はすごい。あのまむしに逆らうなんて。」

准尉はその陰鬱な人柄から、陰で「まむし」と呼ばれていた。

次の日、加来室長が病室に入ると、そこにいた五人の苦力が一斉に立ち上がり、敬意をたたえた眼差しで加来を迎えた。その中の一人、五十歳前後のリーダー格の苦力は、黒ずんだ顔に細長の目で老王《ラオワン》と呼ばれていた。加来は老王の顔に微笑みと敬意が浮かぶのを初めて見た。

当時、病室では一人の流行性脳脊椎膜炎の患者を収容していた。昼夜眠り続けている古兵に妻子からの手紙が次々と来て、それが枕元に積まれていた。しかし、本人は読むことができないのだ。それを見ると、加来は何とも言えない気持ちになった。

ある日、加来室長はもはや我慢ができず、そのコクリコクリと眠っている古兵を無理に目覚めさせて、一通の手紙の封を切り耳元で大声を出して読み始めた。子どもの手紙にはこう書かれていた。

「オトウちゃん、いつかえって来るの。時間がわかったら駅までむかえに行くから、おしえてください。このごろはイワシがとてもやすい。十銭で十五匹もくるよ。オトウちゃんはイワシが好きだったね。きょねん、オトウちゃんとけいばにいったね。早くかえってきて、またけいばにいっしょに行こうよ。オトウちゃん、いつかえって来るかわかったら、おしえてください。」

加来は手紙を読みながら、子どもの無心さと深い愛に感動した。この子のためにも父親を死なせてはならない。「必ず助ける」と言いながら、我慢ができず涙をぬぐった。その時、老王もちょうど側にいて、熱くしたタオルで古兵の体を拭いていた。加来は手真似で「彼の、子どもの、手紙がある」と説明した。

老王は頭を垂れてしばらく黙っていたが、向きを変えて出て行った。彼はすぐに別の若い苦力の小馬《シャオマ》を連れて来て、二人で古兵の体を拭きながら中国式の全身マッサージをした。寝たきりの病人には毎日一回、熱いタオルで体を拭くことが決まりで、床ずれを防いでいた。

加来はその日から毎日、老王と小馬が朝と晩の二回、自主的に古兵の体を拭き、全身マッサージをしているのを見た。外は暑く、毎回のマッサージで二人は汗びっしょりになった。だが、その古兵は依然としていびきをたてて熟睡しており、まるで永遠に目を覚まさないかのようであった。

ある日、加来が事務室にいると、窓から老王の姿が見えた。何かを見てにこにこ笑っているではないか。加来は思わず、「どうしたのだ」と声をかけると、老王は急いで「来てごらん」と手招きした。その視線の先には、あの古兵が自分で歩いて便所に行く姿があった。加来は心に言いようのない気持ちが沸き起こって、老王を見ながら思わず彼の肩に手を置いて涙を流しながら言った。「お前たちは日本軍に荒らされ、妻は凌辱されたあげく殺され、自分たちは捕虜となり、強制的に苦力となってこき使われている。どんなに恨んでも恨みきれないだろうに、日本兵を手厚く介護して、病気から快復した姿を見て喜んでくれている。ああ、私は何をもって日本軍の犯した罪を謝罪すればよいのか。」むろん言葉は通じないが、老王の善良な顔を見て、加来は互いの心が通じ合っているのを感じた。

その日の夜、加来はなかなか寝つけなかった。祈りを捧げていると次第にある決意が与えられた。二人の中国人苦力の愛の姿を通して、自分がこれから歩むべき道が示されたように思えた。「天におられるわれらの神よ……」加来は祈りを捧げた。「あなたがしもべをおつかわしになったのは、私に中国を理解させ、中国伝道を決意させるためだったのですね。しもべを憐れみ、強い者にしてください。しもべはいつも、あなたの側を離れず従ってまいります。」

## 天津特設病院

しばらくして野戦予備病院二八班は野戦から引き揚げ、天津で特設病院を開設することになった。「特設」とは、まもなく内地帰還する将校や兵員のうち、特に性病患者を収容する病院である。戦地から淋病や梅毒などをおみやげに内地帰還すると、たちまち家庭を破壊し社会をも害するからである。このことは加来にかなりの嫌悪感を抱かせた。彼が見るところでは、戦地では将校でも兵員でも性的誘惑に打ち勝つ者はほとんどいなかった。どんなに偉そうな顔をして威張っていても、男が一年も二年も家庭を離れ、誘惑の渦に巻き込まれ、しかもいつ死ぬかもわからない身となれば、聖戦は性戦となり、そこには敗北の道しかないのだ。

天津では、野戦病院に比べ規則正しい生活を送った。日曜日には外出して、日本租界にある日本人のためのキリスト教会へ行って礼拝をした。加来は租界で何人かの伝道熱心な日本人のキリスト教徒と出会った。牧師の資格を持つ加来は思った。ここに日中合同教会をつくることができれば、老王のような中国の苦力を連れて来て伝道できるのではないか。それが、神が自分に与えられた使命ではないのか。

ちょうどその頃、加来と二十名の古兵は召集令を解かれ、内地帰還の日を迎えることになった。喜びに湧く古兵たちは、それぞれ家族へ手紙や電報を送るのに忙しかった。彼らはまもなく日本に帰還し、久しぶりに家族と団らんができるのだ。

## 天からの啓示

船が日本の海岸に近づくと、古兵たちは次々に看板に上がっていった。加来牧師も甲板に立ち、家族と感激の再会をする光景を思い浮かべながら、複雑な気持ちで小声でつぶやいた。――なつかしの内地、妻子の待つ故郷、主にある兄弟姉妹の待つ教会、戦地でずっと気がかりだった日本、久しぶりだ。だが、私は神の招きを待っている。絵のような美しい日本を、そして妻子を再び捨てて行く。なぜなら私は神のしもべなり。――

加来の心に聖書の言葉が迫ってきた。「それですから、……わたしは天よりの啓示にそむかず……」（新約聖書・使徒行伝二六章一九節）

加来牧師は久しぶりに家庭の人となり、小倉教会牧師館の人となった。帰宅した玄関の軒に掛かった「出征軍人留守家族」の旗が二年の風雨に打たれ、疲れきったように目に映った。家の中に入ると目の前が急に明るくなった。畳も新調、ふすまも張り替えられていた。座布団も新しいもので、静江をはじめとする教会員たちが、いかに牧師の帰りを待ちわびていたかがわかった。

歓迎会の席では、青年会の女性たちによるお手製のさしみ料理が出て、次々と心打たれる挨拶が続き、熱い拍手が起こった。牧師が出征して二年このかた、教会の仲間たちが一致団結して各人が責務を果たし、教会を守ってきた。今日は待ち望んでいた牧師が帰還した。どの顔も弾けるような喜びようだった。加来牧師の心は感謝の気持ちでいっぱいであった。だが同時に、申し訳ない気持ちが心を占領した。ようやく日本に帰還できたのに、加来は再び、新しい使命のために中国へ行く決心をしていたのだ。

## 再び中国へ

十二月末、加来牧師は教団の年会に臨んで、初めて天津開拓伝道の決意を発表した。みんなは大騒ぎし、戦場から戻ったばかりで、なぜ再び中国へ行くのか、と理解できなかった。しかし、加来の決意は固かった。「天からの啓示に背かず」との聖書の言葉が決め手となった。

加来剛希牧師の両親、加来国生牧師夫妻（1960年代）と、国生牧師の自伝的著書

家族を妻静江の郷里である熊本県の小さな住居に落ち着かせ、出発の準備をした。出発の日、妻と五人の子どもが熊本駅で見送った。予定していた夜行列車は激しい豪雨で出発できず、子どもたちも眠れないまま朝の五時まで待つと、ついに雨が小降りになったので列車は出発した。母子六人が薄暗いプラットホームで見送る姿が、墨絵のようにだんだんと遠ざかる時、加来牧師は断腸の思いで涙をぐっとこらえ、心の中で祈った。

「神のおぼし召しであれば、しもべは進むべき道として躊躇することはありませんが、しもべの家族をどうかお守りください。」

# 第二章　戦争中の子ども時代

家は教会であり、教会が家であった。前列右端が剛希（1949 年）

## 熊本から天津へ

早朝、熊本駅の霧雨の中、戦場から戻ったのも束の間、急ぎまた戦場へ向かう父親を見送り、母子六人は一晩眠らず過ごした明け方の寒さと、家族が離れ離れになる寂しさ感じながら家に帰って行った。この年、加来剛希は七歳、上には兄と姉が、下には弟と妹がいた。父親が異国の任地で奔走していたために、当時多くの日本女性がそうであったように母親が一人で家を支えていた。大きく揺れ動く時代の中、母の愛の翼の下に、精いっぱいの力で子どもたち一人ひとりを大切に護っていたのである。

翌年、父親からの手紙が届いた。中国・天津での生活が落ち着き、父は家族全員を呼び寄せようと決めたのだった。当時、父の加来国生牧師は在華日本人教会を主宰する一方、中国人牧師の友人とともに、日中合同教会の設立を計画していた。

熊本から天津にやって来ると、剛希は兄や姉たちと一緒に近くの日本人学校へ入学した。日本とは入学時期が違うため、兄や姉たちは授業についていくのに大変な努力をしたが、剛希だけは不本意にも小学校一年生からやり直すことになった。加来国生牧師は、自らは神の召しにより中国に来たのであり、それは中国の苦力たちや社会の底辺の貧しい人々への伝道をすることだと考えていたため、自分も貧しい生活を送る心づもりを整えていた。しかし、その後まもなく、一家は敷地約一千坪の豪華ホテルのような三階建ての屋敷に引っ越すことになった。子どもたちはもちろん大喜びで、豪邸の中のあらゆるものを珍しがり興奮した。

## 天津聖経神学院

純粋な子どもたちには思いもよらなかったが、この時期、両親は人生で最も厳しい試練に直面していた。その年、加来国生牧師はまだ四十歳たらずだった。彼は回顧録で次のように書いている。

私の伝道生涯の中で忘れ難い一大事業と言えば、何といっても天津聖経神学院をめぐる一幕であろう。昭和十六年（一九四一）十一月、太平洋戦争が勃発した。天津の日本人たちは、一夜のうちに世界の覇権を握ったかのように、一段と横暴になった。逆に、中国に滞在していたイギリス人やアメリカ人の住民や宣教師たちは突然、不運な境遇となった。

日本人牧師である私にも急に欧米籍の友人が増えたのだが、それはみな、急用で私に助けを求めに来る欧米の宣教師たちだった。

ある日、近くの韓国教会の牧師が、アメリカ人――天津神学院院長のトロッキセル宣教師を伴い、助けを求めに来た。事情を聞くと、大名府から学院に送られた荷物が駅で差し押さえられたため、日本人牧師であるこの私に交渉を頼みたいという。私はできる限りのことはしたが、残念ながら結局何の役にも立たなかった。駅のほうでは私のような日本人牧師を相手にしないばかりか、逆に私をスパイだと責め立てたのだ。何もできなかったことを幾度も詫びたが、トロッキセル院長は私の手を取り、こう言われた。

「あなたのご好意に対してただ感謝あるのみです。品物のことは諦めましょう。今後、良い友になってください。」

戦争が進むにつれ経済封鎖も始まり、イギリスやアメリカ、フランスなどの国籍の居留者は、日本人が管理する銀行から一銭も引き出せなくなった。だが神に感謝すべきことは、私は図らずもかなりの額の個人献金を受け取っていたのである。しかもその献金者は、私個人がその使い道を決めるようにと、はっきり言った。この時、私は「喜ぶ者と共に喜び、泣く者と共に泣きなさい」という聖書の言葉（新約聖書・ローマ人への手紙一二章一五節）を思い出した。生計を断たれたアメリカ人宣教師たちのために、このお金を差し出すことが神のみ旨であると私は思った。

その夜、私は中国人信徒を装い、憲兵を避けて天津聖経神学院を訪れ、お金をトロッキセル師に渡した。すると思いもよらぬことに、師と二人の若いアメリカ人宣教師は私に向かってひざまずき、中国式の三跪九叩（清朝皇帝に対する臣下の礼）のような礼を行ったのである。私は縮み上がるような恐縮を覚えた。日本では、教会はいつもアメリカの宣教団からさまざまな経済支援を受けていたというのに、われわれ日本人はほとんど感謝していなかったことを思い出したのだ。

時局はますます緊迫していった。私がトロッキセル師と最後に会った時、彼は自分が近いうちに逮捕されるであろうこと、また神学院も強制的に解散させられるであろうことをすでに予期していた。神学院を救うために彼は一通の委託状を私に託し、神学院の管理と運営を私に引き継ごうとしたが、私は彼に、私よりも人望も経験もある北京のO牧師を推薦した。しかし不運は思ったよりも早く、数日後の朝、トロッキセル師から急を知らせる使いが来て、師が急いでしたためた私本人あての委託状を渡されたのである。私はすぐさま神学院に駆けつけたが一足遅く、トロッキセル師と二人の若い宣教師はトラックに乗せられて行ってしまったところだった。神学院の各門には「接収」の張り紙が貼られ、旗竿には日章旗が掲げられていた。

百十人の中国人神学生は「強制解散」を通告され、それぞれ荷造りをしていた。国は侵略され、恩師は逮捕され、信仰は踏みにじられた――大の男たちが声をあげて泣いた。私は大急ぎで接収本部に走り、隊長にトロッキセル師の委託状を見せて、自分がすでに神学院の全責任を負うことになっていると申し立てた。

暗闇の中で神が救ってくださったに違いない。接収本部の隊長は私が委任を受けたことを認めてくれた。私は神学院にとって返し、これまでどおり学院に残るようにと学生たちを安心させ、「接収」の張り紙をはがし、日章旗を降ろした。

しかし、私が二人の学生を連れて学院の鍵を返してもらいに憲兵隊のところに行くと、応対に出てきた憲兵伍長が私の名刺をじっと睨み、乱暴にこう言ったのだ。「貴様だな！加来とやらは。いい時に来やがった。貴様はスパイとしてお尋ね者だ。今日から戦争が終わるまで豚箱に留置するから覚悟せよ。」

二人の学生は驚き、すぐに帰って「加来牧師が憲兵隊に監禁された」とみんなに知らせた。その後、憲兵隊長に直接いろいろと尋ねられ、私は一つ一つ説明し、最後には家に帰ることが許されたが、「正式な命令があるまでは、勝手な外出は一切してはならない」と言い置かれた。自宅に軟禁された七日間、私は妻と毎日地下室で神に祈り、この学院をお守りくださるよう呼び求めた。

一方、神学院の教師たちは、私が日本の憲兵隊の手先として学院を接収しに来たものと誤解して、みな私に反感を抱き、十三人の教師のうち十二人が黙って去ってしまった。しかし、私に同行していた二人の学生が学院に戻り、みんなに「加来牧師は憲兵隊の手先ではなく、トロッキセル師の依頼で学院を引き継ぐことになり、そのために憲兵隊からスパイの罪を着せられ監禁されたのだ」と知らせると、学生たちは手分けして副院長をはじめとする十二人の教師を捜して連れ戻した。彼らは、私が憲兵隊の中で拷問を受けているものと思い込み、すぐに私のための徹夜の祈りと断食を行った。この出来事によって、神学院の教師や学生たちは私への誤解を解き、信頼と友情が深まった。

## 非国民の子

一九四三年、戦況が明らかに変わり、天津から遠くない近郊の県にも中国人の抗日武装勢力が現れていた。加来牧師は「聖戦・不敗神話」を信じる他の日本人と違い、まるで敗戦が近いことを予感していたように、長男と年老いた母親だけを自分のもとに残し、妻と剛希ら六人の子どもたちを先に熊本に帰した。

天津港から出た船の中は、帰還する軍人や傷病兵ですし詰め状態だった。船室はほの暗く、空気はよどんでいる。剛希の妹のむつみの泣き声に一人の傷病兵がカッとなり、無茶苦茶に突進して来て叫んだ。

「ガキが泣きやがって、やかましい！」

「申し訳ありません。この子は熱があって……」母親が消え入りそうな声で言う。

「病気がうつるぞ、海に投げ込んでしまえ！」

そう言うなり、手を伸ばして子どもをつかもうとする。母親は兵士の前にひざまずき、子どもをひしと抱きしめて涙ながらに懇願する。「お願いです。それだけは……」

熊本に帰ってまもなく、お姉さんが中学を卒業して天津に戻って行った。十二歳の剛希は子どもたちの中で最年長となり、また家族の中でただ一人、一人前の男になった。家族全員を養う責任を母親とともに負うことになったのだ。

何年も続いた戦争で、日本国内も極度の食糧不足となっていた。当時、剛希はよくお母さんの着物や首飾りを持って田舎へ行き、農家を一軒一軒回っては米やイモと交換してもらった。初めのうちはまだ交換できたが、そのうちどんどん遠くへ行かなければならなくなり、ある時、夕暮れまで歩いても一口分の食糧すら交換できないことがあった。歩き疲れた足は重く、空もだんだんと暗くなってくる。空腹でお腹がグーグー鳴り、道端に座り込んで農家からゆらゆらと立ち上る煮炊きの煙を眺める。母や妹たち家族の待ち望んでいる眼差しを思うと、何としてもこのまま帰るわけにはいかない。気がつくと、すぐ近くの畑にそろそろ食べ頃らしいサツマイモが……。ついに誘惑に勝てず、緊張のあまり震える手で三株を掘り出すと、十数個のイモがついており、かなり大きいのもいくつかあった。もちろん、もし見つかったらこっぴどく殴られるだけではすまないかもしれない。剛希は心臓の音が聞こえんばかりに緊張しながらイモをカバンに詰め込むと、飛ぶように駅へ走り、汽車に飛び乗ってようやく一息ついた。

汽車が動き出した。父ほどの年齢だろうか、眼鏡をかけた男性が窓際に座って袋を抱えていたが、にこやかな顔で袋を座席の下にしまい剛希を隣に座らせてくれた。剛希は彼の袋を羨ましそうに見た。おじさんは運よくお米に交換できたのだろう。当時、日本国内の食糧は政府が統制しており、家族の人数に応じて配給され、ヤミ米は違法だった。おじさんは剛希を見つめたまま何も言わず、汗まみれの剛希の坊主頭を優しくぽんぽんとたたいた。

疲れ果てた剛希は、いつの間にかおじさんの肩に寄りかかって眠ってしまった。突然、車内が騒がしくなった。剛希がはっと目を覚ますと、何と、目の前に立っているのは警官だった。窓は半開きのままで風がヒューヒューと吹き込み、眼鏡のおじさんと座席の下の袋は、手品のように一瞬のうちに影も形もなくなっていた。

ヤミ食糧を取り締まるため、警官たちは駅の出口で厳しい取り調べをしていた。見つかったら没収だ。だが、運ぶほうにも対策があった。汽車が駅に近づき徐々に速度を落とす時を見計らい、窓を開けて飛び降りるのだ。しかし、今回は警察も利口だった。熊本の一つ手前の駅で汽車に乗り込み、車両をしらみつぶしに調べに来たのだ。切羽詰まった眼鏡のおじさんは、家族に腹いっぱい食べさせるために危険を冒して飛び降りたのだ！

おじさんの眼鏡は壊れたかもしれない——剛希は心配してそんなことを思った。警察は、米が見つからないとなると、押収してもしなくてもよい物を取り上げた。剛希が抱えていたイモも没収されてしまった。

イモがなくなり、疲れ切った剛希は手ぶらで家に帰り着いた。遠くから母の姿を見た時、言葉が出てこなかった。しくじった男の痛みを初めて知ったのだ。

熊本では家の生活は貧しかったが、何とっても母親の愛情があった。しかし、学校生活は思いもよらない苦しみと屈辱に満ちていた。天津の日本人はみな標準語を話していたため、転校生の加来剛希は熊本弁が話せなかった。「やい、日本語を使え。」彼らには日本語が熊本弁だったのだ。熊本弁が話せない剛希はよそ者と見なされ、嘲笑され、殴られることもあった。

それだけではない。戦時中、日本では天皇崇拝の教育が徹底され、各学校には奉安殿が設置され、登下校時はその前で最敬礼することになっていた。各家庭にも天照大神を祀った神棚があり、天皇に忠義を捧げることが日本国民の義務であった。クリスチャンホームでは偶像崇拝を認めないため神棚を設けておらず、しばしば非国民と見なされた。

「やい。ヤソ教、ぬしの家に天照大神の神棚はあるか?」

「あるよ、壁の棚に……」

剛希は弱々しい声で強がりを言ったが、心の中は言いようのない屈辱でいっぱいだった。

そしてついにある日、鬱積していた怒りが爆発した。それは歴史の授業中のこと、先生がキリスト教の伝来について話し始めたのである。「鬼畜米兵」との決死の戦いをしていた戦時中、クリスチャンはしばしば「敵に味方する者」と見なされ、スパイ集団と見られることさえあった。歴史の先生は授業をしながら剛希を軽蔑するようにちらちらと見るので、他の生徒もその度に冷やかし、クリスチャンの祈りを真似て囃し立てた。「アーメン、ソーメン、ひやソーメン。」
前の席の男子生徒が振り返って挑発してきたので、剛希は力を十分にため、拳で胸をどやしつけた。先生は剛希を黒板の前に呼び、軍靴を改造したスリッパを脱ぐと彼の顔を殴った。その日の夜、剛希は拾った石ころを懐に歴史の先生の家の前まで行き、窓ガラスを粉ごなに割って鬱憤を晴らしたのだった。そのほかに、大勢の前で自分を嘲笑した者もしっかり覚えておき、一人ずつ下校途中で待ち伏せしては、不意打ちに胸をどやしてやった。

剛希は石ころと拳でプライドを守った。周りの社会はただ、弱い者を侮り、強い者を恐れるだけだということに気がついたのだ。それからは、挑発されれば遠慮なく拳で応えるようになった。自分が徐々に強くなり、二度と誰にも馬鹿にされないほど強くなったことを自覚した。

当時、剛希の学校では、毎朝運動場に全校生徒が集合して朝礼を行っていた。白い手袋をつけた校長先生が奉安殿の垂れ幕を恭しく捲り上げ、白馬に騎乗した天皇陛下の写真を見えるようにする。全員最敬礼の後、校長先生が教育勅語を読み上げる間、礼をしたまま静かに聞かねばならなかった。冬の寒空の下で長時間立っているため、薄着の子どもたちは寒さに震え縮こまり鼻水が垂れてくるが、咳をする者はおろか少しでも声を出す者もいない。最後までじっと勅語を聞き終え、ようやく運動場全体が重荷から解放されたように咳や鼻水をすする音でいっぱいになるのだった。剛希はその度におかしくてたまらなかったが、また自分が他の生徒のように敬虔でないことを恥じてもいた。だが、こうして培われた敬虔こそが、無数の日本の愛国青年を駆り立て、この軍国主義戦争に身を捧げるように仕向けたのだ。

当時、長崎には海軍の基地があり、人間魚雷の操縦士を訓練していた。その魚雷は人間が操縦するもので、当然百発百中、そしてまた当然、攻撃に出れば帰って来ることはない。今日の中東における自爆テロと同じだ。しかし、戦況は依然としてますます日本に不利になり、まもなく日本各地で空襲が始まった。

熊本も例外ではなかった。空襲警報が響き渡ると、剛希は二歳の妹を背負い、母は乳飲み児を抱いて家族で防空壕へ駆け込む。途中で弾が落ちて来るのが見えた。爆撃された家が燃え、着衣に火がついた人たちが泣き叫びながら死に物狂いで川のほうへ走って行った。川に飛び込んでもなお背中が燃えている人、途中で力尽きてそのまま亡くなる人もいた。

逃げ惑う人込みで、剛希はお母さんとはぐれてしまった。防空壕の中で、それぞれがお互いを呼び続け、捜し続け、家族と離れ離れになる恐怖を実感した。それは悪夢のような、地獄のような経験だった。「お母さん！　お母さん」――剛希は望みを失いそうになりながら叫び続けた。その時、力尽きてかすれたような声で「剛ちゃん、剛ちゃん」と呼ぶ母の声が聞こえた。その瞬間、悲しみと喜びがいっしょくたになり、二人はひしと抱き合って声をあげて泣いた。

一九四五年八月、アメリカの二発の原子爆弾が広島と長崎に投下された。その年、剛希は十三歳で、長崎とは海を隔てて向かい合った熊本城東国民学校の中学生だった。

八月九日午前、生徒は運動場で体育の授業中だった。突然、地面が揺れたと思うと、長崎の方角がピカッと光り、上空に巨大な火の玉が沸き上がった。続いて遥か遠くから、遠雷のような「ドーン」という爆発音が聞こえてきた。その時は誰も原子爆弾を知らず、体育の教師はもっともらしくこう言った。「見ろ！　あれがアメリカの最新式大型爆弾、ピカドンだ。」

後になってようやく、この「ピカドン」が一瞬のうちに三十万人を死傷させたことがわかった。爆心地近くの人々は人間の形をした炭となり、それより遠くにいた人々は肉がただれ、死ぬよりもつらい思いをしていた。数日後、長崎から逃げて来た被爆者たちが、熊本にもどっとなだれ込んできた。からくも死を逃れた、見るに忍びない姿の人々を剛希は目のあたりにした。これらすべての経験によって、剛希は戦争への激しい反感と嫌悪を抱くようになった。

## 行軍の中の幼年時代

私の最初の記憶は三、四歳頃で、ずっと部隊について行軍していたことをぼんやりと覚えている。その時、父は前線で戦い、野戦病院が迂回して挺進していた。母は三姉妹の私たちを連れて家族たちのグループとともに部隊に従って前進していた。おそらく最初は山西省だろう。交通手段はロバで、それは山西に伝わる民謡に出てくる光景でもあった。

灰色の毛のロバは山に登る
灰色の毛のロバは山を下る
一生、いい馬車に乗ったことなどなかった

現地の農民は、ロバの背の左右にひとつずつカゴを振り分けて、作物の種や食料を運んだ。それを「架架《ジャジャ》」と言った。左右の架架に私と姉をそれぞれ座らせ、母は生まれたばかりの妹を抱いてロバの背に乗った。それはまさしく「ロバに乗った行軍」だった。

それからおそらく華北平原を経て、西北の黄土高原に入った。その時の交通手段は牛車で、一台の牛車に七、八人が座れた。牛の首に結んだカウベルがリンリンと響き、私たちはゆらゆらと揺れる牛車に乗っていた。時には車を降り、国民党軍の空爆から身を隠さなければならないこともあった。兵士の肩車で黄河を渡ったことを今も覚えている。兵士は私を肩に担いでいたが、沸き立つ黄色い川の水が彼の腰にまで達していた。

後になって、私たちは大きなトラックに乗ることになった。それはアメリカ製で、すべて揃った国民党軍の軍備一式を、共産党の軍隊が取り上げたものだった。

最後には、信じられないかもしれないが、私たちはなんと一度、軍用飛行機にまで乗ったのだ。それは成都から重慶へ向かう飛行機だった。この間の道は険しく、「天に昇るより困難だ」と言われていたが、この飛行機のおかげで、妻子たちは二か月近くの山地行軍を免れたのだ。

これが私の幼年時代の行軍の記憶だ。後に歴史を学び、この時期がちょうど一九四五年の抗日戦争終結後の、四六年から五一年にかけて国民党軍と共産党軍が覇権を争い戦っていた時期であったことを知った。

国民党軍を指揮していた蔣介石は、三、四か月で共産党軍の主力を壊滅させると公言していた。毛主席が解放軍のために定めた戦略方針は、目先の損得を考えず、まずは敵の力が強い都市や地域から退き、敵の力が弱い広大な農村部に拠点を築き、土地改革を実行して民衆を味方にし、力をつける。徐々にそういった農村で都市を囲み、ついには都市を奪取し全中国を解放する、というものだった。解放軍はただちに自発的に一部の都市と地域から撤退した。

母から聞いたのだが、私たちがちょうど石家庄から撤退した翌日、国民党軍の飛行機が石家庄を爆撃して占領したという。私たちは難を免れたのだ。

当時、姉は四歳、妹はまだ乳飲み子で、三人の子どもを連れた母は本当に大変だったと思う。ある時、三姉妹が同時に熱を出し、母は疲労困憊した。仕方なく、母は二歳に満たない私を信頼できる農家に預け、姉と妹を連れて部隊について行った。農家のおばさんは私をとてもかわいがってくれたそうだ。彼女はやりくりが上手で、部隊が置いていった少ないお金を卵と交換し、たくさんの雛を孵化させて私の生活を改善してくれた。その後、戦争がだんだん優勢になり、私を部隊に帰らせると聞くと、彼女は別れを惜しみ、毎日ニワトリを一羽絞めては私に食べさせ、私は子豚のようにまるまる太った。目が開かないほど太った私を見て、母は私だと見分けられないほどだった。

国民党軍との迂回戦、シーソーゲームは長期化しなかった。一年後には、早くも情勢に根本的な変化が起こった。一九四八年、数十万対数十万の陣地戦、「遼沈戦役」「淮海戦役」「平津戦役」で解放軍が勝利したのだ。

一九四九年四月の渡江作戦（長江を果敢に渡り、国民党政権の首都・南京を攻めた激戦）はさらに、百万人対百万人の大決戦だった。この激戦でおびただしい死傷者が出たのであるが、四月二十三日に南京が解放され、国民党軍はほぼその勢力を失った。最後には六十万人の部隊を連れ、国庫にあった時価五億ドルの黄金をさらって台湾に退いた。

一九四九年十月一日、中華人民共和国が建国した。翌年、賀龍司令員は西南野戦車軍を率いて成都、重慶を包囲し、九十万人の国民党軍を投降させた。父は投降した空軍部隊を再編成して、解放軍の最初の空軍部隊を設立した。母もその新しい空軍部隊で宣伝科長を担当したことがあった。一九五〇年九月、父は重慶西南軍区に勤めることになった。私たちはロバに乗って始まり、飛行機に乗って終わったのである。

四年間の過酷な行軍生活も終わりを告げた。父についての記憶はその頃からのものだ。当時私は五歳で、重慶の最初の印象はとても恐ろしいものだった。それより前、私は軍服を着た軍人か、そうでなければ黒い木綿の着物を着た農民たちと一緒だった。生活は貧しかったが、体を覆う衣服がないような状態ではなかった。しかし重慶に到着して、私は初めて都市の物乞いの群れを見た。髪はぼさぼさ、顔は垢だらけの十数人がかたまって座っていた。彼らが身に着けているのは服ではなく、ボロボロの汚い布で、性別や年齢は見分けがつかなかった。彼らは悲しそうに大声で叫び、頭を地面にドンドンと打ちつけていた。四年にわたる戦乱は、肥沃で物が豊かな土地と言われた四川省にまで、これほど痛ましい状況をもたらしていた。

だが一、二年後には、そのような情景は重慶の町から消えていった。農村で土地改革が実施され、耕す者には土地が与えられた。戦後、あらゆる事業が復興を待っており、就職の機会も増加した。ついに、中国に平和な日が来たのだ。

## 軍区保育園にて

姉は小学校に入り、私と妹は西南軍区の保育園に入った。この軍区保育園は寄宿制で、二週間に一回しか家に帰ることができない。その理由は二つあった。一つは、建国初期、両親の仕事が非常に忙しかった。私の父は深い山奥で野盗を討伐し、母は農村で女性たちの教育を担当していた。もう一つは、子どもたちの集団主義精神を養成して、家庭という観念を減らすためだった。だが子どもたちは、もちろん家を恋しがった。待ち望んでいた家に帰る土曜日、汚い服の上にきれいに洗ったエプロンをつけ、小さなカバンを持って、友達と一緒に保育園の入り口に立ち、迎えに来る家族を今か今かと待っていたのを覚えている。

私は妹の手を引いて、ずっと待っていた。他の子どもには次々と迎えが来た。最後に残った十数人が宿直のおばさんに集められ、夕食が始まった。妹はワーッと声をあげて泣き始め、私も泣きながら彼女をあやしたが、どうしてもうまくあやせなかった。夜、宿直のおばさんは私たち二人に一つの小さなベッドで寝ることを許し、私は妹と身を寄せ合って寝た。夜、院長のおばさんが寝室を見回りに来て、妹が寝つけずにむせび泣いているのを見て放っておけなくなり、私の家に電話をした。夜中に車が来て、私と妹を引き取って家に帰った。妹は眠っているうちに抱かれて車に乗ったので、翌朝目が覚めると自分の家の大きなベッドの上で眠っているのに気づき、目を丸くした。

後になって知ったのだが、当時の新中国は決して安定していたわけでなく、軍隊の幹部たちは非常に緊張した状態で忙しかったので、土曜日に保育園へ子どもたちを迎えに行くことを忘れていたのである。一九五〇年に朝鮮戦争が勃発した。近年、あの戦争についていくつかの真相を知った。日本軍が投降した後、一九四九年にソ連と米国の軍隊は相次いで朝鮮から撤退し、朝鮮は北緯三十八度線で二つに分かれた。その後、北・南がそれぞれ相手を攻撃すると公言して三十八度線での衝突が続いていた。まず北朝鮮が韓国を奇襲し、ソ連の優れた武器装備を頼りに三十八度線を越えて南に攻め込んだ。

第二次世界大戦の後期、ヨーロッパ各国の共産党武装勢力は反ファシストの戦争で勢力を拡大し、ソ連軍の協力のもとに、共産党を与党とする一連の国家を建国した。東ドイツ、ポーランド、ブルガリア、ルーマニア、チェコスロバキア、ハンガリー、アルバニアなどだ。資本主義の世界に対抗する「共産主義の世界」を形成したのだった。

そのような動きの中、北朝鮮労働党の指導者は武力で朝鮮を統一しようとした。アジアに共産主義のドミノ現象が起きることを、米国は決して傍観しなかった。一九五一年三月、米軍を主力とする連合国軍が仁川に上陸し、攻め進んで戦火を中国と朝鮮の境界線まで押し広めた。

この事態に、新中国の指導者は脅威を感じた。中国人民志願軍が「抗米援朝」をスローガンに参戦した。参戦した青年兵士の多くは、土地を分配されたばかりの農家の子弟で、共産党の政権を守ることは、すなわち自分の家の土地を守るということだった。その後の数年間、戦争はひどくなり、双方の死傷者は百万を上回った。共産主義世界と資本主義世界が互いを不倶戴天の敵と見なし、朝鮮半島の広大な地で激しい戦闘を繰り広げたのだ。

この戦争に勝ったのか負けたのか、引き分けたのか。人によって見方が違う。その結果、米国とソ連の対立はさらに深まり、米中関係に至っては凍りついてしまったのだ。あれから六十年以上が経っているにもかかわらず、韓国と北朝鮮は今なお三十八度線を境界線に戦争状態にある。

## 級友たちは「勝利くん」

一九五二年、私は七歳になり小学校に入った。ここは保育園と同様、軍隊の幹部や職員の子どもたちのために特別に設けられた寄宿学校だった。当時を思い起こせば、両親はとても忙しく、子どもの世話をする時間がなかった。私たちの衣食、進学などは、すべて「組織」である保育園や学校が面倒を見ていた。おもしろいことに、生徒はみな一九四五年の抗日戦争に勝利した頃に生まれたため、「胡勝利」「黄勝利」「王勝利」など「勝利」という名前の子が何人もクラスにいた。女の子では「延利」「延明」「延春」、また男の子では「延軍」という名前まであった。もちろん、名前の中で、「延」の文字があるのは、延安で生まれたという意味で、「利」は抗日戦争の勝利を記念するものである。母も私に「北利《ペイリ》」という名をつけたが、それは、私が生まれた後すぐにソ連紅軍がベルリンを攻略した「ベルリンの勝利」にちなむものだ

共産軍部隊の制服を着ている家族全員、右端が筆者（1950年）

った。

私たちは小さい頃から、両親に次のように教育されていた。解放軍戦士がその血で私たちを守ってくれ、解放区の貧しい農家が粟飯で私たちを育ててくれた。私たちは共産党の子ども、革命の継承者であり、大きくなったら全身全霊で人民に奉仕するようにと。当時、八年にわたる抗日戦争は中国人民にあまりに深い記憶を残した。その頃は小説、映画、芝居、歌曲、さらに多くの漫画までも、八路軍か抗日戦争を題材としていた。

八路軍の後継者たる私たちは、いつも、「八路軍が侵略者と戦う」という遊びをしていた。世界中の男の子がよく遊ぶ「警官と泥棒」という遊びが「八路軍と鬼」になったものだ。「勝利」や「延軍」という名の男の子たちがよく先頭に立って、じゃんけんで二つのチームに分ける。鬼を演じるチームは芝居や映画のまねをして、大きな刀を振って、大声で叫ぶ。「バカヤロー、スラスラ（殺す、の意）ダヨ！」当時の中国で誰もが知る日本語が「バカヤロー」だった。そして、八路軍を演じる子どもたちは拳銃を高く掲げて叫ぶ。「同志たち！　突撃だ。死んだ同郷の人々のために報復しよう！」私たち女の子は、よく誘われて捕虜になる民衆を演じさせられ、両手を後ろに縛られ、鬼の拷問を受けても勇敢で屈しなかった。

「共産党、八路軍はどこにあるのか言うんだ！」

「知らない、知っていても教えない！」

「全員連れて行け！　スラスラダヨ！」

「死ぬのが怖かったら、共産党に入党なんかしなかった。共産党員として生き、死んでも共産党の幽霊です！」

鬼の執行部に対して、私たちは大きな声で叫んだ。「日本帝国主義を打倒する！　中国人を殺し尽くすことはできない！」

そして、映画で見た、勇敢に正義のために死ぬ英雄をまねて、手で胸を覆って後ろに倒れ、倒れても自分の英雄のイメージに合わせて音楽をつけ、大きな声で歌った。

これは最後の闘争だ
団結して
共産主義の夜明けを迎えよう!

時が移り、一九六六年「文化大革命」の初期、こうした保育園や寄宿学校出身の一部の青少年が、第一陣の「毛沢東主義紅衛兵」と自称する人々になった。

# 第三章　嵐の中をさまよう青春

## 戦後の少年たち

一九四五年（昭和二十）八月十五日は、日本にとってはとても一言では表すことのできない、そして日本の歴史上最も長く感じられた苦痛に満ちた一日であった。「玉音放送」といわれる天皇陛下の終戦の詔勅がラジオで伝えられた。それより前、数万人、十数万人を失った硫黄島の戦いや沖縄の戦いでの惨敗は、「玉砕」と言われた。

「神の国」という神聖なる理念が突然幻のように消え、人々のおごり高ぶった心を震えさせた。それまで威張り散らしていた軍部要人たちの一部は、忠義を示すために切腹自殺の道を選んだ。戦争はようやく終わったが、人々の間に残された傷跡はいまだ癒えていなかった。

加来一家が住む家の左隣には出征軍人の若い妻が住んでいた。四人の子どもの手を引きひたすら夫の帰りを待っていたが、帰って来たのは小さな器に入ったもの言わぬ灰だった。右隣の家の若者は東南アジアに出征していたが、敗走や飢餓、捕虜収容所での苦難を経てついに故郷に帰って来た。だがその二日前、息子の帰りを待ちわびていた老母は帰らぬ人となっていた。

加来一家が不安を募らせながら待つ中、一九四六年一月、父親が祖母、兄、姉を連れて天津から熊本へ帰ってきた。四十五歳ですっかり白髪になっていた加来国生牧師は、妻の手を握りしめて言った。「みんな生きていたね。本当に良かった！」

妻は、それでも半信半疑だった。「夢ではないのですね――」

九人の大家族を食べさせるために、加来牧師はさしあたりマッサージ治療院を開き、生計を得ることにした。中国で苦力の老王《ラオワン》や小馬《シャオマー》に習った中国式マッサージが役に立ったのだ。そうはいっても、彼はやはり神の忠実なしもべであり牧師である。翌年、加来牧師は熊本の隣の県、佐賀で伝道することを決断した。佐賀は日本で最もクリスチャンの少ない県の一つだったからである。

「お父さん、行ってらっしゃい。体に気をつけて！」

母親は子どもたちを連れ、玄関からうやうやしく一家の主《あるじ》を送り出したが、その父親の姿が遠ざかるより早く、剛希はくるりと後ろを向き、兄の光国とうれしそうに手をたたき合った。厳格な父がいない、つまり「上がいなければ自分が大将」である。

剛希と光国は思春期になっていた。二人にとってその時代の記憶といえば、第一には街にあふれるアメリカの進駐軍、第二に食うや食わずの困窮の日々だった。しかし進駐軍は、少年たちに思いがけない儲け口をもたらした。英語を印した灰色の腕章を、同級生がどこからか運よく手に入れたのである。その腕章があればゲートから基地に入ることができ、中で雑用をして小遣いを稼げるのだ。基地に入った少年たちはみな律儀で、人目のないところで鉄条網越しに灰色の腕章をこちらに渡す。こうして順繰りに仲間を全員基地に入れるようにしてやるのだ。少年たちは基地の中で、米兵の靴磨きや洗濯などを担当する。報酬はだいたいタバコや酒、あるいは少額のチップだった。

剛希は基地の中で米兵相手に交渉ができるようになり、洗濯をする時にはなるたけ多くのアメリカ製の石鹸を要求した。そして、家から持ってきた質の悪い配給の石鹸で米兵の服を洗い、使わなかったアメリカの石鹸と雑用の報酬で得たタバコや酒をヤミ市へ売りに行く。その後のとっておきの楽しみは、市場の店で焼き鳥を一本食べることだった。

当然ながら、学校の授業はしょっちゅうさぼっていた。早朝、剛希はカバンを背負い、学校へ行くふりをして家を出るが、靴磨きの道具を持って大きな橋のたもとに座り、小遣いを稼いだ。一方、兄の光国は英語が得意で、なんと売春婦のために米兵相手の交渉をしてやっていた。そうして稼いだ金は、よくいえば「外国語通訳」料ともいえた。

ある日の夕方、兄弟二人が家に帰ると、玄関に見慣れない靴があった。来客かと思いきや、あまりに授業をさぼる日が多かったので、中学の先生が家庭訪問に来ていたのだ。母は二人の息子のことで心を痛めていた。その頃、母は末子の始を生んだばかりだった。父親は佐賀伝道のため普段は家にいない。母親にとって、女の子何人かの世話はできても、奔放な二人の息子を管理する力はもはやなかった。特に光国は非行少年と呼ばれるグループに加わり、ついに犯罪事件に巻き込まれて三か月間留置されてしまった。その間、剛希は母に頼まれて何度も少年院の兄に日用品を届けに行った。

剛希がその事件に巻き込まれなかったのは、十三歳の彼にすでに最低限の道徳心が備わっていたからだ。非行少年に誘われると、「そんなこと怖くてできない」と一人で家に逃げて帰ったのだ。光国が少年院に入れられたことを、母はなかなか父親に知らせなかった。牧師の息子が少年院に入れられたなどと、神の前にも、世間にも、申し開きのできることではなかったのだ。しかし事が量刑に関わるため、母はやむをえず電報で父を呼び戻した。幸いにも光国は従犯であっただけで、量刑もなく釈放された。しかし、両親の悲しみと困惑がどれほどであったか、推して知るべしだ。

教会で生まれ、幼い頃から日曜学校で聖書を学んでいた子が、なぜこのように嘘をつき、学校をさぼり、しかも罪まで犯したのか。両親にはどうしてもわからなかった。子どもたちにはそもそも信仰があるのか、心に神がいるのか。いくら考えても答えは出なかった。

子を愛する父は「純粋な少年が悪い友達に影響されたのだ」と思うことにした。牧師の家に生まれた剛希は、幼い頃からイエス・キリスト以外の神を信じたことはない。だが、次のような不満も幼い頃からあった。父は家庭よりも教会を愛し、教会のために家庭を犠牲にしていた。小さい頃からすでに、自分には牧師はいるが父親はなく、教会はあるが家はないと思っていた。父親の慈愛というものをほとんど感じたことがない。一方で、まさに牧師の息子であるために、他の同級生にはない特別な重圧を抱えていたのだ。

剛希は、先生から「それでも牧師の息子か」と叱責されることに最も反発した。学校の連絡簿にも、よく「牧師の息子らしくない」と書かれた。剛希はよく言っていた。「カエルの子が小さいカエルなら、牧師の子は必ず〝小さい牧師〟なのか。」そうではないとばかりに、剛希は先頭に立って喧嘩、さぼり、いたずらをした。おまけに太っ腹で義理堅く、徐々にクラスの男子の親分のような存在になっていった。教会の中でも、敬虔な婦人たちの間でたびたびうわさになった。「牧師先生は本当に良い方なのに、あの息子は……」

そういったことすべてが彼にこう思わせた。「牧師の家の子なんて、うんざりだ！」

## 貧しさの中で

加来牧師にはわが子を教えるすべはなかったが、その伝道の働きには神の祝福があった。佐賀での伝道を始めて半年後、F姉という信徒からまとまった土地の寄付を受けた。土地は七百坪ほどの葦が群生する窪地で、三方を水に囲まれており、四十坪の二階建ての建物があった。その一階を礼拝堂にし、二階を牧師館として、家族でそこに引っ越すことになった。彼らの最初の教会を開いたのだ。そこは通る人はほとんどなく、もの寂しい土地で、夏の夜にはカエルがそこかしこで鳴き、ホタルが飛び回った。雨が降ると低い場所では膝まで水に浸かった。水と草には恵まれていたので、加来牧師はそこで、ヤギとウサギと七十羽のアヒルを飼った。

教会を開いてまもなくの頃は、その家畜たちの乳や卵、皮や肉を売って一家の生計と教会の運営に充てなければならなかった。動物たちの世話が剛希に任されたことは言うまでもない。体が弱い兄の光国は肺結核を患い、二十歳の若さで早逝していた。剛希は幼い頃から仲の良かった兄を失い、悲しみとともに長男の責任を背負うことになった。

戦後の日本は物資が乏しく、アメリカの教会は折につけ信徒が寄付したいろいろな物資を送ってくれた。その中から剛希は、サイズの合った背広の上着と赤いアメリカ製の自転車をもら

父の命令でやむなく大事な
背広を人に譲る前に（17歳）

った。その自転車に乗って川辺にアヒルを追っていると、剛希少年は自分がこの小さな村でみんなのあこがれの的になったような気がするのだった。彼のことを牧師の息子らしくないと言う人がいたのも、彼が流行の服を着て、人もうらやむ黒々とした巻き髪をなびかせていたからである。

ところが、その自慢の背広を手放すことになったのだ。ある日、父がこう言った。「○○君が神学校を卒業した。まもなく牧師となって講壇で説教することになる。剛希、君の背広を○○君にあげなさい。将来、君が牧師になった時には、みんながまた世話をしてくれるだろう。」

しかし剛希から見れば、牧師とは実のところ、貧しくつらい職業だった。礼拝堂を光輝く舞台とするならば、牧師館は舞台裏だ。剛希はよく知っていた。光輝く舞台の裏で、どれほどの汗と涙が流されていたかを。

戦後という時代は、日本のキリスト教会が伝道を行うのに最も良い時期だった。マッカーサー率いる連合軍総司令部は、日本の軍国主義政治を民主政治に転換することに着手した。まず、天皇陛下が「人間宣言」を発布し、自分は人であり「万世一系の現人神」ではないと宣言した。勤勉な日本人は空襲で焦土と化した土地に再び家を築いた。また、精神のよりどころを突然失ったことも、人々を新しい人生の価値観探しに駆り立てた。

教会ができてからわずか二年で、七十人以上がバプテスマ（洗礼）を受けた。会堂は明らかに手狭になり、加来牧師は住民が集中している水ケ江四丁目に教会を移すことになった。三年後、教会はますます発展し、毎年百人以上がバプテスマを受けた。加来牧師はバプテスマ式の翌日にはいつも腕が重く、痛んで上がらなくなるほどだった。教会の会員が四百五十名まで増え、日曜の礼拝は佐賀市公会堂を借りて行われるようになった。

しかしこの時、突然、教会の五名の執事が連名で、加来牧師に辞職して教会を去るように迫ってきた。理由は、バプテスト教会が本来は信徒一人ひとりの意見を尊重する会衆政治を旨とするにもかかわらず、加来牧師が教祖的存在となり、民主的な教会運営ができていないことへの不満が爆発したのだ。

この五人の執事の行動は教会に混乱をもたらし、ついに分裂するに至った。教会の分裂が牧師とその家族にもたらした傷の痛みは、推して知るべし。剛希は、両親が福音を伝えるために捧げてきた苦労を痛いほどよく知っていた。父は北九州各地を精力的に巡回して教会を開拓し、週に二十回以上の集会で奉仕していた。牧師夫人である母は、神学生や修養生を含む二十人近い同居人の世話で疲れ果て、何度も入院していた。

そして、証拠もなく根拠もない流言飛語が飛び交い、そのような教会の現実に剛希はつまずいた。残された教会員は、剛希の将来のためにも祈ってくれていたが、彼らが願う「剛希君を神学校へ」という祈りはなかなか聞かれることはなかった。

高校を卒業して人生の岐路に立った時、音楽学校に行きたいという秘めた願いが剛希の心に渦巻いていた。秘めたというのは、剛希にはよくわかっていたからだ。今の自分の演奏レベルではとてもかなわぬ夢であり、口にするだけでも笑われるだろう。

一方、高校では学校のブラスバンドの友人がキャバレーのバンドに就職し、ダンスホールや米軍基地で巡回演奏をしていた。そうだ、これは手っ取り早く演奏を上達させ、音楽学校に進むための一つの道だ、と剛希は考えた。だが剛希のこの思いつきは、たちまち家族の猛反対に遭い挫折した。父も母も教会の人々も、剛希が神学校に行くことをずっと祈っていたのだ。

「神学校だけは行きたくない。」そう心に決めた剛希は、たまたま目にした養鶏場の従業員募集広告に応募し採用された。だが、音楽への夢は捨てきれない。養鶏場で半年の契約を終えると山を下りた。すると、「警察の音楽隊が団員を募集している」という願ってもない知らせが飛び込んできた。キャバレーで演奏するなどとんでもない、と反対する両親も、警察の音楽隊なら反対する理由がない。剛希はトランペットを手に、新しい仕事場に出発した。

## 警察の音楽隊

訓練は厳しかったが、幸い一般の隊員ではなかったので、最初の訓練期間が過ぎると希望どおりに東京練馬区の警察予備隊（保安隊）第一管区音楽隊に配属された。加来剛希はトランペットで採用されたが、いざ楽器を決める時、サクソフォンを希望することにした。

剛希はひたすらサクソフォンを練習した。その音色に魅せられた彼は、何時間でも休まず吹き続けた。吹く、吹く、唇が切れても吹く、血が止まらなくても吹く、腫れてもまだ吹き続けた。しかし、楽しい時間は長くは続かなかった。警察組織における不公平や無理強いに、剛希はついていけなかったのだ。理不尽な隊長の仕打ちに、未熟な剛希は納得できない気持ちが日に日に募り、ついにある夜、酔

警察予備隊でサクソフォン奏者を務める

った勢いで隊長を殴ってしまった。翌日、隊長の右腕は包帯で吊るされていた。骨折していたのである。一週間後、剛希は左遷され、久里浜の消防隊に配属された。

新しい職場は管理が比較的ゆるやかだった。剛希は車の運転を覚え、免許を取得した。消防車を運転して人のいない場所まで行き、水を全部抜き車を軽くして、口笛を吹きながら海沿いの山道を気ままにドライブすることもあった。ある日、山からの下り坂を走っていた。スピードがどんどん上がってきた時、カーブで不意に対向車が現れたのでブレーキが間に合わず、無意識のうちに崖の外側にハンドルを切った。今にも崖から落ちる、と思わず目を閉じたが、再び目を開けると、車は奇跡的に崖の縁で止まっていた。タイヤがうまい具合に岩に引っかかっていた。命拾いしたのだ！

剛希の属していた保安隊は、やがて自衛隊に変わった。だが、「尽忠報国」の思想教育による訓練についていくことができない。そこに、戦時中の軍国主義の後遺症を見る思いだったからだ。剛希は自衛隊を除隊して家に帰った。

## 神学校入学、そして退学

剛希が突然、佐賀教会に帰って来て母親の前に立った時、母はてっきり息子が休暇で帰って来たものだと思った。自衛隊を辞めたと聞くと、両手を彼の肩に置き、感無量のようすで言った。「ハレルヤ、神に感謝します！　剛ちゃん。あなたが家を出た日から今日まで、早天祈禱会で教会のみんなはずっとあなたのために祈っていたのよ。神の導きによりあなたが帰って来て神学校に進めますように、と。」

そう言うと、母親は教会の入り口の「祈りの箱」から教会員の祈りが書かれたカードを何枚か取り出した。そこにはどれも同じようなことが書かれていた。「加来国生牧師の息子、東京の加来剛希君が早く戻り、献身して、神の用いる器となりますように。」

剛希が家を出て三年、佐賀教会に戻ると、自ずと家庭のぬくもりを感じた。彼は物事をじっくり考えることが苦手だった。こうだと思うとすぐ実行する。カエルの子はカエル、牧師の子はやはり牧師になる運命なのだと思った。剛希は神学校に入ることを決心した。

一九五五年（昭和三十）四月、剛希は二人の修養生とともに、福岡にあるバプテストの神学校の試験に合格し入学した。ところが九月になって、教授会から「加来剛希を退学処分にする」と言い渡されてしまった。その理由は、喫煙、飲酒、ダンス、喧嘩、神学生規定違反等々であった。確かに他の神学生は誰もタバコを吸わないし、酒も飲まない。ダンスとも喧嘩とも無縁の優秀な青年ばかりだ。しかしこの退学処分に、剛希は悔い改めるどころか、逆に憤りを感じていた。「タバコを吸い、酒を飲み、ダンスを踊ることはそんなに悪いことなのか。喧嘩にしても、どちらが正しいかを見るべきだ。」

家族が住む佐賀教会に戻ると、父と子の衝突は避けられなかった。加来牧師には体面というものがある。「教会に住んでいるのに礼拝に出ないとは、どういうことだ！」剛希はふてくされて言った。「父さんは恥をかかされたと思っているんだろう。なら、教会を出て行ってやる。親とは思わないから、オレのことを子と思うな。二度とこの家に帰るものか。」

救いようのない状況に追い込まれた剛希は、父を見返してやろうと覚悟を決めた。自分の力で自分の人生を切り開くのだ。今に見ていろ、どちらがより良い人生になるか！

長い汽笛を鳴らし、夜行列車は飛ぶように東京に向かっていく。車輪がリズムにのって響く——東京、東京、東京……。重圧からの解放感で、剛希は全身がのびのびする気がした。車窓を飛び去る灯りを眺めながら、彼はあれこれと考えていた。そうだ、俳優にでもなろう。顔に刀傷のある、あんな悪役がいい。歌手か何かになるのもいいなあ……。

しかし、同級生や友人たちからもらった餞別は、素敵な女性に声をかけられて入ったバーで、しこたま飲んだあげくに巻き上げられ、一夜のうちに失ってしまった。

東京での放浪生活が始まった。剛希はこの大都会でホームレスの一人になった。ホームレスの人たちは、生きるためにいろいろなことをしていた。病院で売血をする者もあれば、傷痍軍人のような身なりで脚に包帯を巻き、杖を引きずって行って上野公園の道端に座り、アコーディオンを弾きながら軍歌を歌い金銭を乞う者もあった。一日の仕事を終えると、彼らは公園の奥に戻り、段ボールで作った寝床の前で包帯をほどき、座り込んでゆっくりと酒を飲んでいた。血を売ることはできない。それは死に至る道だ、と剛希は思った。自尊心を捨ててまで傷痍軍人の仲間入りをすることもできなかった。

わが身一つの剛希は、仕事を求めて労働者の町である山谷に行った。日雇い仕事で道路を造ったり地面を掘ったりすれば、工事現場の飯場に住むことができた。少しでも金を貯めてまた仕事を探そうと、半年間、一玉七円のうどんに醤油をかけて食べる毎日が続き、ぎりぎりの生活だった。

## バンドマンとして立つ

半年が経ち、なけなしの金をかき集め、休日や雨で工事ができない日には、風呂に入り服を着替え、サクソフォンを持って音楽家のたまり場へと向かった。池袋の公園近くの空き地には剛希と同じように仕事を求める流浪の音楽家たちが集まり、それぞれ楽器を抱えていた。バイオリン、トランペット、クラリネット……ピアニストは楽譜を持って自分の演奏レベルを示していた。

ついにある日、チャンスが来た。バンドボーイを探していたジャズバンドが、若くて体力がありそうな風貌を見て剛希を雇ってくれたのだ。バンドボーイの仕事は、ステージを造り、撤収し、重い荷物を運び、使い走りをすることだった。ステージに出る時は、衣装に着替え、他のサクソフォン奏者と一列に並んで座り、楽器を構えて演奏のふりをするが、決して音を出してはならなかった。見せかけの人数が必要だったのだ。

剛希の演奏はまだまだ通用しなかった。警察の音楽隊や教会で練習していたのはクラシックだったが、駐留米軍の影響で、日本では突如ジャズがブームになっていた。シンコペーションのリズムをとるのは難しく、特に「サブトーン」と言われるすすり泣くような柔らかい音色は、一年以上練習しなければ出せない音だった。

最初は、毎月八千円の給料だった。四千円の家賃で池袋にアパートを借り、残りの四千円が交通費と食費だ。ぎりぎりの生活を続けなければならなかった。だが、毎日仕事を終えてアパートに帰ると、しみじみ思うのであった。ついに自分の居場所ができた！

裏に面した窓を開けると、下宿先の二階建てのアパートの裏に小さな教会が見えた。秋の早朝、痩せぎすの牧師が落ち葉を掃いているところへ、一人の老婦人が両手に聖書と讃美歌を抱えてゆるゆると通りかかる。

「牧師先生、おはようございます。お早いですね。神の祝福を。」

「おはようございます。おはようございます。」

それは、剛希にとってあまりにも慣れ親しんだ光景だった。思わず、痩身の老父と、貧しく忙しかった自分の少年時代を思い出した。絶対に金持ちになろう、自分の子どもには決してあんな貧しい生活はさせない、と剛希は思っていた。だがなぜか、その小さな教会に親しみを覚えたのだ。あの馴染み深い雰囲気、小さい頃から聞き慣れた讃美歌……。

ときおり日曜の仕事がない時に、その教会の礼拝に行くこともあった。新しい顔を見かけると、牧師の説教にも熱が入り、まるで彼一人に話しているようだった。礼拝が終わる前に、牧師は両手を上げて目を閉じ、集まった人々のために祈った。「主イエス・キリストの恵み、父なる神の御愛、聖霊の親しき交わりが、会衆一同の上に、今も後も、とこしえに豊かにありますように。アーメン。」

牧師が目を開けると、最後列に座っていた剛希の姿はもう、そこにはなかった。

さらに一年が過ぎ、剛希は自分のサクソフォンを自在に操れるようになっていた。ジャズの絶妙なリズムとなめらかな音色を出すことに酔いしれ、サクソフォンが体の一部になったかのように、曲のイメージを意のままに表現できるようになった。もう、人の伴奏だけでは満足できない。

剛希が自らのバンド「加来剛希とファイブフレッシュマン」を結成したのは、二十五歳の時である。若きバンドマスターの誕生である。だが、もともと童顔の剛希は、年上のバンドのメンバーをリードしていく自信がない。そこで、かっこだけでもと口ひげを生やした。これは生涯の身だしなみとなった。バンドは、ドラム、ピアノ、ベース、トランペット、そしてサクソフォンという編成である。最初は順調に思えた。さっそく浅草のキャバレーを紹介してもらい、そこで演奏した。しかし給料日になって、仲介人が全員の給料を持ったまま蒸発してしまった。

出足でつまずき、剛希は自分の持っているものから金になるようなものを売りさばいて、バンドのメンバーに給料を払い、やむなく元のバンドの伴奏だけの第四サックスに戻った。しかし半年経たないうちに、再び独立して「ファイブフレッシュマン」を再結成した。一度つまずけばそれだけ利口になる。バンドはすぐに軌道に乗った。夏は青森に行き、避暑地や米軍基地で野外演奏をした。冬になれば東京に戻って店で演奏した。演奏の腕も上がり、ついに銀座のキャバレーに落ち着いた。

仕事は毎日深夜二時まで。その後、五人の若者はネオン輝く銀座をぶらぶら歩き、終夜営業のバーで楽しく飲み明かす。こんな自由気ままな生活に、剛希は小さい頃からあこがれていた。もう金で苦労することもなく、自分の好きなことができる。それに「牧師の子らしくない」とか「神学生らしくない」とか指さされることもない。今や加来剛希は、ジャズのバンドマスターとしてりっぱに独り立ちしているのだ。

## さようなら北京

月が昇る頃、西に向かう列車の窓にもたれた私は、後方へ流れる窓外の明かりを見ていた。一九六九年末、私は二十四歳の女性軍人で、政治犯として甘粛省《かんしゅくしょう》の西北にあるシューロー河に流刑となった。地図を見ると、北京—蘭州の鉄道に沿って、西へ、西へ、もっと西へ……そして私はついに、そのシューロー河を見つけた。そこは万里の長城の末端の嘉谷関《かよくかん》の外側であり、シルクロードが通る砂漠地帯である。また古戦場でもあったことを知ると、唐代の辺境の防塞を歌った詩、「涼州辞《りょうしゅうじ》」を思い出した。

葡萄美酒夜光杯（美しい杯にうまい葡萄酒がある）
欲飲琵琶馬上催（飲みたいのだが、軍隊の楽団は琵琶を弾いて出発を促す）
酔臥沙場君莫笑（戦場で酔っても笑わないでくれ）
古来征戦幾人回（昔から、戦争に行けば帰れる人は少ないのだ）

幾分かの豪快さ、幾分かの苦渋……政治犯の私たちも、いつの日か北京の家に帰ることができるのだろうか。一九六六年、信じ難い文化大革命が起こった。私も含めた若い紅衛兵たちは思いもかけずもてはやされ、高い空で爆竹のようにパーンと鳴り響き、中国を震動させ、世界に波及した。そしてパーンという音とともに、地面に落ちて砕け散った。そのわずか二年の間に、私たちは周恩来首相と毛主席の夫人である江青同志に接見した光栄ある「革命小将（革命の若い将軍）」から、前途の知れぬ、「政治犯」になったのだ。

拘禁されて批判され、甘粛省軍区のシューロー河の「五七農場」に流され、労働による「再教育」を受けようとしていた。同行者は紅衛兵の戦友、帆帆《ファンファン》と篠梨《シャオリー》だ。帆帆は私の前に座り、ボーイフレンドのシュンガーの肩に寄りかかって寝ていた。シュンガーとほか二人の男性の元戦友もそれぞれの「罪名」を着せられ、さらに遠い青海省軍区に流刑を命じられていた。

西へ、西へ、西へ、車輪のリズムが響き、窓の外の景色はますます薄暗く、通り過ぎる駅のホームはますます粗末になり、アナウンサーの標準語はますますはずれていった。さよなら、北京、私はぼんやりと、だんだん遠く去っていく家を見つめていた。

## 輝きに満ちた少女時代

一九五六年、父が高等軍事学院を卒業し、北京西郊に創立したばかりの軍事科学院に勤務を命じられたため、一家で北京西郊に住むことになった。一九五八年夏、私は小学校を卒業し、中高一貫制の北京第六七中学校に入学した。学校は北京西郊の最も美しい所にあった。皇帝の庭園として有名な頤和園《いわえん》の中にある昆明湖のキラキラと輝く湖水は、向かいにある玉泉山から流れてくる泉水だった。

中学一年生の時のことで最もよく覚えているのは、一つは、農村の人民公社の集団労働に参加したこと、もう一つは、「全国民で鋼鉄を精錬する」ことだった。入学するとまず、二週間の休講があり、近所にできたばかりの人民公社の農業作業に参加し、白菜の畑で間引きをした。三十分もしないうちに、私はしゃがんだ腰と両足がだるく痛くなり、我慢できなくなった。高度に集団化した人民公社は、個々の畑を一つの広い畑にした。白菜畑は川べりからずっと遙か遠く、玉泉山の山麓まで延びていたが、丸一日かけても一列の畝《うね》すら終わらなかった。がっかりして気がつくと、私一人だけクラスメートより遙かに遅れていた。

夕方作業を終えると、担任の先生の司会で当日の労働を評議した。「優秀者」を表彰し、同時に「脱落者」を批判した。私と、もう一人の背の高い女の子が脱落者に選ばれた。私たちは恥ずかしくて頭を下げ、涙を流した。彼女も軍人の娘で、名前を小花《シャオホア》と言った。

農家が代々住んでいた美しい西郊には、その頃、山麓に軍事科学院などの秘密の軍事機関がいくつか造られた。中学校の生徒はおもに農家の子どもで、その中に私たちのような将校や士官の子どももいた。私と小花は、自分たちが皮のサンダルと華やかなワンピースを身に着けているのを見て、自分たちは「違う部類」だと思った。ほかのクラスメートはだいたい青や白や灰色の、母親が作ってくれた手織りの布の服を着ていた。さらに耐え難いことに、その時、長いお下げ髪の質素な農家の女の子が歩み寄り、黒くたくましい腕を伸ばして、私の白く細い腕と比べ、さげすむような表情でこう言った。

「労働者の手じゃないわ！」

それは私にとって、この上もない屈辱だった。社会主義の新中国では労働者が輝かしい主人公であり、「労働者じゃない」ということは「あなたは恥ずかしい寄生虫だ」ということなのだ。その長いお下げの髪の女の子は、先生が指名したクラスの主席兼少年先鋭隊の中隊長だった。翌日、私と小花は彼女の下で学びながら作業をした。そして、ひそかに決心していた。今日は死ぬほど疲れても、絶対にこの子より遅れないようにしよう。

その日、私も小花も本当に懸命だった。腰と足が死にそうに痛くても、できるだけ立ち上がらないで我慢した。私たちの心には期するものがあった。それは、軍人の子どもは軽視されてはならないということだった。長征の時、雪山を登り、泥沼や荒れ地を苦労して行軍した父たちに恥をかかせてはならないと思った。こうして中学二年になり、私と小花は、さまざまな畑仕事ができる、誰にも負けない一端《いっぱし》の労働者になった。

## 躍進と大飢饉

その一九五八年は、新しい中国の歴史の中で最も躍動した一年だったといえる。特に中国人民志願軍は、朝鮮戦争で米国をはじめとする連合軍と引き分けて凱旋していた。国は太平で民の暮らしも落ち着いてきて、思い切った社会主義建設を行うことができた。「大躍進！　共産主義社会に駆け込もう！」は、その時期の人々の心を奮い立たせるスローガンであった。私たちは当時、こんな歌を歌っていた。

祖国は東方の巨大な龍のように
広い空で飛んでいる
毛主席は金色の太陽のように
祖国の有望な前途を明るくした

毛沢東は自信に満ちて一つの奇跡を宣言した。「十五年以内にイギリスを追い越し、米国に追いつく」というのだ。彼は一貫した考えのもとに人民戦争、人海戦術による経済建設を行った。まず、一年で全国の鋼鉄の生産を倍増させるよう国民に「鋼を精錬せよ」と呼びかけると、全国の至るところで情熱が溢れ、やる気が満ち、すばらしい共産主義は目前にあるように見えた。学校の前の空き地にもいくつかの小型高炉が建てられ、みんながさまざまなところからクズ鉄を集めてきて小型高炉の中で燃やした。当時、電動の送風機はほとんどなく、私たちは小型高炉の前に座って昼夜交替しながら木製のふいごを動かし、二十回動かすと交替した。ついに、ひと山の何やら黒い塊が出来上がると、高く掲げて喜び勇んで党支部書記の事務室の前に行き、「党に喜ばしいことをお知らせします」と報告する。それを鉄だと思っていたのだ。当時ほとんどの中国人は、このように人力・財力を無駄にして「製鋼」を行っていた。

高度に集団化された人民公社運動による過度な「深耕密植」、「全民製鋼」が行われ、そのうえ地域的な自然災害も重なった。このような無計画で非科学的な情熱が一九五九年から六二年の三年間にわたる全国的な大飢饉を招くことを、誰も予測できなかった。食糧の配給量が大幅に減った。北京は他の地方よりはかなりましで、軍人家庭出身の私はクラスメートよりずっと良いほうだったが、それでも母は栄養不良のため全身性浮腫を患った。この飢餓の具体的な状況について、私たちはその時、はっきりと知らなかった。学校では、景気悪化は自然災害と中ソ関係の悪化によるもので、朝鮮戦争時の武器購入のための借金をソ連に返済するためだと教えられた。ましてや、その時期に全国の餓死者が一千万人にも上ったことを知る者などいなかった。

あの飢餓の時期、学校の政治教育が一番きつかったことを、私は忘れることができない。一九六二年、毛沢東は突然、「階級闘争を決して忘れてはならない」、「階級闘争を毎日、毎月、毎年、話そう」というスローガンを掲げた。そこで、解放前に苦難を強いられていた労働者や農民がしばしば学校に招かれ、地主や資本家の残酷な搾取行為を告発し、「共産党がなければ新中国もない」と賛美する講演をした。日本の侵略軍に捕まったおじさんが学校へ講演に来たのを覚えている。彼は捕虜になった時、下痢をしていたために赤痢と思われ。数十人の赤痢患者と一緒に生き埋めにされたが、若くて力があったので、死んだ人たちの中から這い出して脱出したという話が深く印象に残っている。

国が貧しく立ち遅れていれば、その国の民衆は辱《はずかし》められるだけだということを痛感した。高校では、教室の黒板の上方に「大至急祖国の貧しい状況を変えるために勉強に没頭しよう」というスローガンが掲げられた。

当時、クラスにニーナという女の子がいた。彼女の父は中国の将校で、母はロシア人だった。彼女はクラスで重んじられ、担任の先生が毎朝自習の時に、彼女にみんなの前でロシア語の教科書を朗読させていたので、学期末試験では学内で唯一、私たちのクラスにはロシア語の不合格者が一人もいなかった。ニーナはソ連にいた頃、バレエを勉強したことがあったため、ダンスが上手だった。私たちは彼女にソ連の子どもの舞踊「小さいチョウと小さい花」を教わり、私はそれを「少女とヒマワリ」という作品に替えて発表会で演じ、作品賞をもらった。彼女は中学で一番仲の良い友達だった。

高校に上がる時、彼女は突然、農業大学の付属高校に転校した。実は中国とソ連の関係が悪くなったため、彼女の父は引き続き軍隊で仕事をするのにふさわしくないとされ、農業大学の副校長として転勤させられたことを後で知った。まもなくして、彼女の母は妹を連れてソ連に帰り、彼女は父と中国に残った。

その後、中ソ関係がますます悪化したため、彼女も父のもとを離れてソ連に行った。出発の直前、今では思い出すこともできないほどの些細なわだかまりがあった私は、彼女を見送らなかった。しばらくして、彼女は友達を通して私に住所を知らせてきた。モスクワ中央放送局で中国向け放送担当として勤めているから手紙を送ってほしい、という伝言だった。すぐに私は彼女に手紙を書いて送ったが、住所が間違っていたのか手紙は送り返され、私たちの連絡は途絶えた。

## 日本から来た「夕鶴」

一九六四年夏、私は十九歳で、大学受験の準備をしていた。私は解放軍芸術学院の演劇学部を受験するつもりだった。両親は北京政法学院を受験するよう勧め、私に「プロレタリア独裁の神聖な事業」に身を捧げるよう望んだ。学校の学生会の方主席は一年間で北京法政学院に合格しており、立派な司法官への道が約束されたようで羨ましかった。しばらくは私も迷っていた。ある日の夕食後、私は何冊か本を持って自分の部屋に戻り、勉強しようとしていた。母と妹が白黒テレビをつけると、ブラウン管に文字が映し出された。「〝夕鶴〟――日本前進座劇団の公演」。日本人が演じる新劇？　そんなものは見たことがなかったので、ちょっと見てみようと、私は本を置いてひとまず座った。

それは生中継で、ブラウン管越しに私も劇場の雰囲気を感じることができた。日本といえば、すべての中国人は日清戦争後の屈辱の領地割譲、銀払いで二億テール（両）の賠償金、それに八年にわたる抗日戦争、南京大虐殺を思い起こさずにいられない。劇場の観衆と同じく、私の心の中には日本人に対する本能的な抵抗感もあった。しかし、なぜかわからないが、大きな幕が上がり、芝居が進むにつれ、私はいつの間にかもう一つの世界に引きずり込まれていた。特に夕鶴を演じていた女優はとても自然で純真で、人を引きつける魅力があり、彼女が永遠に立ち去るシーンは涙なくしては見られなかった。

さらに印象的だったのは、劇中の若い農民が、夕鶴がなぜ飛び去るのかがわからず、幕が下りるまでずっと大きな声で、「つう」と名前を呼んでいたことだった。間違っていたのは彼だけではないはずだ。利己的な欲求を満たそうとするこの世界は、絶えず新しい悲劇を生んでいる。この結末は忘れようとしても忘れられないものだった。人間は自分の愚かさと膨張した欲求のために、それまで私たちのものであった最もすばらしいものを自らの手で破壊してしまった。残ったのは永遠の痛みだけだ。劇中の伝説は、現世の真理を教えていた。脚本家や監督たちの芸術のレベルの高さは明らかだった。

「夕鶴」が私の日本人に対するイメージを根底から変えたことを、私は認めざるをえない。それまで私のイメージする日本人は、残忍な「人でなし」であった。しかし今、私は知った。日本人の中にも私たちと同じような人がいる。彼らにはすばらしい思想と感情もある。これほど美しく恩返しをする夕鶴のような女性がいる。そして、これほど深みのある伝統的かつ近代的な芸術もある。だが、この日本人はなぜ、中国へ公演に来たのだろう。中国の観衆が日本人に抵抗感を抱いているのを知っているはずだ。劇の最初、劇場の雰囲気は厳しく、重苦しく、舞台上で観衆に挨拶する役者の笑顔もあまり自然に見えなかった。自分を敵視し、自分を嫌う観衆のために公演するのは、どれほどの勇気と崇高な信念を必要とすることか。だが、作品は見ごたえのあるものだった。幕が下りた時の観客の拍手喝采は心からの熱烈さの表れだった。私は「夕鶴」を観た後、自分の部屋に帰ってもしばらく落ち着かなかった。演劇がこれほど心を揺り動かす魅力があったとは……。私は解放軍芸術学院の演劇学部を受験することに決め、プロレタリア独裁の政法学院を放棄した。

## 解放軍芸術学院

すてきな軍服に身を包み、これからは好きな演劇を学ぶのだ。苦手だった数学や物理の宿題、テストとは永遠にさようならだ。学院に入学した私は、キャンパスを歩きながら幸せいっぱいだった。学院は軍事学校であるため、正規部隊と同じく明け方の五時五十分に起床し、六時から訓練に出る。学部ごとに隊列を組んで運動場を走る。足並みを揃え、高らかにスローガンを叫ぶ。その後、学部ごとに分かれ、朝食前に一時間の専門訓練を行う。演劇学部は三十分間の基礎訓練と三十分間の発生練習だった。早朝のみんなの動きは素早く、まるで消防士が支度を整え出動して消火にあたるようだった。私のクラスは全部で二十二人だった。一九六四年に入学したため、演劇学部六四班と呼ばれた。軍隊学校の規律は厳格公正で、日曜日に外出する場合は必ず班長から通行許可証をもらい、午後四時前には必ず戻って班長に帰営の報告をし、通行許可書を返却することになっていた。私は共産主義青年団団員であったためか、六四班の班長に任命された。

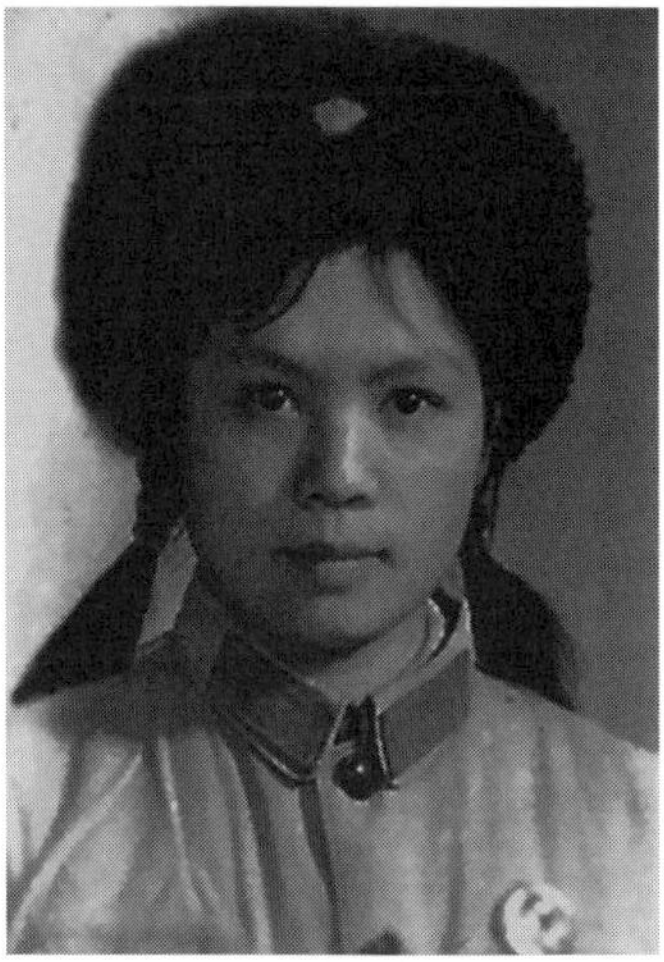

中国人民解放軍芸術学院に入学した著者（19歳）

ある日曜日、大軍区司令官の娘のＬさんが一時間以上遅れて帰営した。これまでも彼女は、何回か門限破りをしていた。私は彼女に、「あなたはまた帰営時間に遅れたので、残念ですが規則により、明日隊列の前であなたを名指しで批判しなければなりません」と言った。一時間後、クラスの政治教導員の呉大尉が突然、私を寝室から呼び出し、こう聞いてきた。「あなたは明日、隊列の前でＬさんを名指しで批判するつもりだそうですね。」

私は「そうです」と答え、これまでのLさんの門限破りを見逃すことはできないと答えた。呉大尉は私の話を聞くとしばらく沈黙し、ただ一言こう言った。「明日、隊列の前でLさんを批判しないように。」

大尉は理由を言わなかった。理由が言えないため、その顔はとても不自然に見えた。私は、そんな教導員のとまどった表情を見ながら、「……はい、わかりました」とだけ言った。ここは軍隊であり、下の者は上の者に絶対服従を強いられた。だから、私は憤慨こそしなかったが、納得はできなかった。

共産主義中国では、履歴書も階級闘争の意識に満ちたもので、必ず出身家庭の階級などを書き込んだ。出身家庭が革命軍人、革命烈士、革命幹部、労動者、雇われ農民、貧農などであれば、共産党政権が当然優先的に擁護すべき者と見なされ、大学進学、軍隊入学、国営工場の労働者の募集には真っ先に抜擢されるはずだった。通常、履歴書にそのように書ける者は「出身がよい」とされ、いつも自信と誇りに満ちて書き込んだものだ。逆に地主、資本家、元官吏、（国民党時代の）元将校、士官などと書かねばならない者は、「出身がよくない」とされ、記入の際は残念、屈辱、不安、不公平感といった影が心を覆うことがあったに違いない。その時代、中国では「出身家庭」はその人の一生を支配したのだ。

## 文化芸術への批判

私が解放軍芸術学院に入る前、父親が「毛主席は最近、文化芸術界について演説をしたが、それは非常に批判的なもので、今、地方と軍隊の文芸団体ではどこでも、文芸の思想を厳しく正す〝文芸整風〟が行われている」と心配して言ったことがあった。

それにはわけがあった。一九六四年の春節、人民大会堂で行われた交歓会で、北京舞踊学校がバレエ劇「ジゼル」を演じた。その劇中に墓地での幽霊の群舞のシーンがあり、社交ダンス場で民主諸党派の中に奇異でセクシーな「ルンバ」を踊り出した人がいた。居合わせた「解放軍報」の二人の若い記者がこれを見て義憤にかられ、毛首席宛てに「文化芸術界は封建主義や資本主義、修正主義の悪に満ちている」と密告する手紙を書いたのだ。

毛主席はただちに、文化芸術界に対し全面的に思想を正すことを命じ、「全国の文化革命」を推し進めた。毛主席の言葉は絶対である。欧米の古典的名作はもちろん、いわゆる恋愛を扱った作品に対しても強い風当たりが起こったのだ。

中国の都市と農村の各地の舞台から、何百年もの歴史ある伝統的な芝居が一瞬で姿を消した。大都市の舞台でシェークスピアが消え、「白鳥の湖」が消え、「雷雨」などの名作が消え、ただ共産党と毛主席を賛美する革命近代劇だけが残った。

当然のように、芸術学院で学ぶ内容もまったく変わってしまった。基礎練習の授業はバレエや社交ダンスなどが取りやめになり、「軍事体育」の課程が加わった。銃剣術や手りゅう弾の投げ方、ほふく前進など、軍人の戦術が技術科目となった。「世界演劇史」の科目も廃止されて政治科目が重視され、新任の国防部長・林彪がカリキュラムを指示した、『毛主席（毛沢東）語録』を学び、さらにその本を必ず軍服のポケットに入れておき、随時取り出して勉強や朗読をするのである。

## 共産党に入党

一九六五年九月、私が二年生になった時、解放軍総政治部の命令で全学院の幹部、教員、学生の全員が北京から遠く郊外の延慶県《えんけい》に行き、農村の「社会主義教育運動」に参加することになった。私たちは、まず数百人の軍人、国家公務員、幹部、大学生らとともに、「工作団」として山前人民公社に進駐し、最終的に分散して数十人の「工作隊」を編成し、自然村に基づく「生産大隊」に配属された。その後、最下層の数十世帯の農家で構成される「生産小隊」に、「工作組」と称し三人の工作員が配置され、具体的責任を負う。

私は同じクラスの女子学生の夢蘭《モンラン》とともに、上板橋生産大隊に編入された。私が配置された工作組は次の三人だった。組長の老周は三十歳、北京大学卒の総参謀部の士官である。小楊《シャオヤン》は二十二歳、清華大学で最も有名な土木建築学部の三年生。それに、私だった。私は一番若く、組長の下の雑用係だった。各家庭を回って会議時間などを知らせ、また農家を訪問していろいろな意見を聴取した。時間があれば農婦を手伝い、井戸に水を汲みに行ったり、石臼でトウモロコシやソバを粉に挽いたりした。私たち工作員は農家と親しくなるため、毎日必ず農家で一緒に食事をし、住み、ともに農作業をするという決まりをきちんと守らねばならなかった。

私は農村の中学出身だったため、それは難しくなかった。だが意外にも、農村で激しい階級闘争をまったく見ないうちに、私自身が工作隊の内部で激しく闘争されることになった。しかも、私が共産党員になったばかりで、初めて党の内部会議に参加した時のことだ。

春節前に私たちは北京に撤収し、二週間ほど休みをとった。その頃、毛沢東が青年の中から共産党員を育成する「プロレタリア革命事業の後継者育成」を指示した。そこで、各学部は党支部の拡大会議を開き、学生の中から優秀な者を選んで共産党への入党手続きを行った。演劇学部の各クラスでも一、二人の学生が選ばれて入党手続きを済ませた。私もその中の一人だった。最後に学院大会で新党員の宣誓式を開催し、私たち三十人は鮮紅色の中国共産党の党旗に向かって厳かに宣誓した。

「私は中国共産党の党員です。私は党旗の下で宣誓します。プロレタリアの優秀分子として党の規律に従い、党の機密を守り、大衆と固く結びつき、一生涯決して党を裏切らず、全世界で抑圧されている労働者の徹底的な解放のため、共産主義の事業のために一生奮闘します。」

工作隊に帰ると、私が入党したことを知ったみんなが次から次へと握手を求め、お祝いをしてくれた。だが、老李隊長だけが暗く沈んだ顔をしていた。土曜日ごとに午後定例の党の内部会議が行われていた。私は人生で初めて、共産党員として党内部の会議に参加することになり、興奮しつつ厳粛な思いに満たされていた。しかし実は、全員一致で私を批判する会議だとは、この時、想像すらできなかった。司会は老李隊長で、明らかに手はずが整えられていた。そこにいた全工作隊の党員十数人の多くは軍人で、老李の直属の部下だった。

思いもかけないことが起こった。みんなが突然、一斉に私の年末総括会議での発言がけしからんと集中攻撃してきたのだ。なぜ？　どうして？　私は頭が真っ白になった。「党の指導に従わない、傲慢きわまりない者」、「プチブルの自由主義者」、「唯我独尊」、「野放しにすれば危険な存在」と、彼らは私を声高に責めた。

問題となった年末総括会議での私の発言が、どうしてこんなに問題視されるのか。私はその会議で、同僚の清華大学生の小楊が発言したことを擁護する態度を表明したにすぎないのに、なぜそれが非難されなければならないのか。最後に司会の老李が私に、何か言いたいことはないかと聞いた。おそらく私の深い反省の弁を聞きたかったのだろう。

私は涙を拭き、ゆっくりと『毛主席語録』を開いて言った。

「偉大な指導者である毛主席は、批判と自己批判を展開する時、このような態度を持つべきだと教えています。〈知無不言、言無不尽……意見があっても思うままにすべて言い尽くさない〉、〈言者無罪、聞者足戒……間違った批判でも発言者に罪はなく、言われる側がそれを自分の戒めとするべきだ〉、〈有則改之、無則加勉……誤りがあればこれを改め、なければいっそう努力する〉。私の年末総括会議での発言は間違っていなかったと思います。清華大学の学生の考えがすべて正しいとは限りませんが、それでも彼らを「プチブルの自由主義」とか「右翼分子」などと指摘することは不適切だと思います。異なる意見を謙虚に聞けば、党の威信を高めることができるのではないでしょうか。」

私がこう言ったのは、党を純粋に愛する気持ちからだった。だが、私はとても困惑していた。党内の生活はなぜこんなふうなのだろう。何の前ぶれもなく突然批判、糾弾するなんて……。幸いだったのは、私が老李の直属の部下ではなかったことだ。

しばらくして、私たちは工作隊を去ることになった。去る前に、工作隊の老周と小楊が親切にも送別会をしてくれた。また、人民公社本部の売店で私の好きなサンザシの実を、カバンの半分にもなるほど買ってくれた。小楊は送別の挨拶の時、まず厳粛な態度で『毛主席語録』を開いて読み上げた。「共産党員は邪心がなく忠実で積極的である。いつでもどこでも正しい原則を堅持して、すべての正しくない思想と行為に対し絶えず闘争する。」そして、彼は最後に「李北利同志は以上のような共産党員だと思います」と言い、私を励ましてくれた。

## 文化大革命の爆発

一九六六年四月末、私たちは北京に帰った。それはまさに、文化大革命が発動した時期だった。新聞には「階級闘争を忘れてはならない」、「反党、反社会主義の反動組織に対し開戦する」、「すべての妖怪変化を打ち負かす」といった殺気みなぎる文章が長々と述べ立てられていた。一方、新聞の第一面トップがすべて赤い字になっており、大きな毛主席の写真の上に、「光芒果てしなき毛沢東思想万歳！」、「毛主席は私たちの心の中の最も赤い太陽だ！」と言ったスローガンが現れた。その変化は、党中央の内部に、毛主席に反対する者がいるということを人々に意識させた。

八月十七日、「中央文革」から突然学校に知らせが来た。「毛主席が明日、天安門で紅衛兵たちに接見する」という。学校の「多数派」はこれを聞くと目の色を変え、すぐに紅衛兵の組織づくりを始めた。しかし知らせによると、毛沢東が接見するのは、その当日以前に成立した紅衛兵だという。

文化大革命期の紅衛兵たち。最後列中央が著者

八月十八日、私も運よくその会見に参加した。私たちは午前四時に天安門広場に到着した。首都の軍人として、よくこういう広場での民衆大会に参加していた。アフリカの民族独立運動への声援やベトナムの反アメリカ戦争への声援など、私たち芸術学院の生徒の席は、いつも金水橋の前にあった。

東から太陽が昇り、空がだんだん明るくなってきた。私たちはようやく、その日が確かに今までと違うことに気づいた。特別席に座っているのは、見慣れた政府の官僚、外国の来賓や全国各地の労働者、農民、兵士の中の模範的な英雄の代表ではない。なんと、特別席には草緑色の古い軍服を着た少年少女が大勢いるではないか。彼らは腕に紅衛兵の腕章をつけていた。手にした赤い『毛主席語録』の本を振っている。歌声、スローガンの声、『毛主席語録』を朗読する声がひっきりなしに起こり、天安門広場は激情に燃える海のようになった。

朝八時、体つきのたくましい毛沢東が、新しい軍服を着て天安門の城楼の上に現れた。毛主席がなんと軍服を着ている！　これは建国以来初めてのことだった。後で聞いたことだが、その時、人民服を着て現場に現れた多くの軍の上級指導者たちはこれを見て、あわてて車を走らせ自宅に帰り、軍服に着替えてまた急いで駆けつけたという。

毛主席は、このようなパフォーマンスで公然と紅衛兵を支持した。その日、紅衛兵たちは、心から晴れ晴れとして士気が上がった。少年少女は感激の涙を流し、狂わんばかりに喜んでいた。

清華大学付属中学、北京大学付属中学などの造反に功労ある紅衛兵の代表たちが、天安門の城楼に上がるように言われた。私は当時、北京大学付属中学の女生徒が泣きながら「最も、最も、最も、最も、最も……敬愛する毛主席！」と絶叫している姿を憶えている。彼女は澄みわたる少女の声で叫んだ。「私たちの前には、剣の山と火の海がある。しかし、百戦百勝の毛沢東思想もある。毛主席を守るため、党を守るため、私たちは火の海にでも飛び込む覚悟ができている！　剣の山にも突進できる！」

彼女が泣きながら叫ぶ声は、私たちを奮い立たせた。毛主席の軍服姿を遠くから仰ぎ、私も全身ぶるぶる震えるほど感動した。涙が止まらなかった。毛主席！　私たちの心の中の赤い太陽、あなたの革命路線を守るために、私たちは火の海に飛び込むことも、剣の山に突進することも少しも怖くない。

その日、毛主席は天安門で公然と紅衛兵を支持した。これはひとつのサインだった。私たち「造反派」の考え方が毛沢東思想に符合していることが実証された。思わず、周りに座っている造反派の戦友たちと、興奮と感動の目配せを交わした。

「……あなたたちの行動は、労働者、農民、革命の知識人や革命党派を圧迫するすべての地主階級、ブルジョアジー、帝国主義者、修正主義者とその手先に対する怒りと糾弾の表れである。反動派の造反には理があることを示している。私はあなたたちを熱烈に支持する。」――毛沢東が清華付属中学の紅衛兵に宛てて書いた手紙が、紅衛兵をさらに振るい立たせた。

紅衛兵の組織は全国規模で迅速に拡大した。「四旧を破る」というスローガンの下で、堤防が決壊するように中国社会の隅々にまで突き進んだ。数年来の階級闘争で形成された報復的な心理に加え、青少年特有の衝動、盲目性と破壊力が止まることを知らなかった。

「すべての妖怪変化を打ち負かせ。」

「地主、富農、反革命分子、法律違反者、右派分子を鎮圧せよ。」

そう叫びながら、紅衛兵は各地で破壊活動を進めた。彼らは文化財の古跡をたたき壊し、貴重な図書典籍を焼き払い、キリスト教の会堂や廟などの建物に押し入り、仏像を破壊し、聖書を焼き尽くし、聖職者たちを批判し、殴り、追い払った。宗教は文化大革命で最も糾弾を受けたものの一つだった。

一九六六年の八月下旬から約四十日間で、北京市だけで一千七百人が「異常死」した。「反動的な学術の権威」と呼ばれた各界の著名人やエリート知識人の中で、侮辱に耐え切れず自殺を選んだ者も少なくなく、頤和園、北海、什刹海公園の湖に多数の死体が浮かんだ。調査も弁護も裁判もせず、さらに法的根拠もない。ただ、一部の者が他人より優れている、自分こそは真理の代表でもあるかのように自らを誇り、自分と違う人たちを敵視し、無視し、卑しめ、ついには彼らの肉体まで消滅させてしまったのだ。古今を通じて世の中の無数の惨事の多くは、このように人間の愚かで無知な自己中心的な傲慢さが引き起こしたのである。

## 周恩来首相に会見

一九六七年五月十三日、北京展覧館の劇場で、保守派の演劇集団が連合で、毛主席の「延安文芸座談会での演説」発表二十五周年記念の名目で演劇公演を行うことになった。われわれ造反派はその情報を察知すると、公演が始まってまもなく数百人で劇場に突進して舞台に上がり、公演は阻止された。双方は論争し、取っ組み合いとなり、劇場は混乱した。

翌日、軍内外の数十の造反派組織の百人ほどが、状況を聞きに解放軍芸術学院に来た。学院の責任者は、私に彼らと話し合うよう命じた。私は彼らと話し合い、百人からなる「三軍調査団」を設立し収拾を図ることになった。その夜、解放軍総政治部の主任が人民大会堂で私たち「軍芸・星火燎原」本部のメンバーに接見して、厳しく私たちの今回の行動を批判し、ただちに「三軍調査団」の解散を命じた。

だが、解放軍芸術学院の総責任者は、公演が組織的に「革命の造反派」を威嚇する政治的行動だったと反論した。総政治部の主任は説得が困難と思ったのか、私たちを待機させ、しばらくして帰ってくると「周恩来首相からあなたがたに話があります」と言った。

文化大革命の間、群衆会議で周恩来首相の接見は何度も受けたことがあったが、首相が単独で私たちに接見するのは初めてだった。私たちが緊張して人民大会堂の柔らかなじゅうたんを踏みしめ大広間に入った時、机に向かった首相は鉛筆で一心に書き物をしていた。私たちが座ると、周首相は頭を上げて言った。

「趙院長、君がリーダーか。君たちはなぜ、公演をぶちこわしたのか。あれは〝延安文芸座談会での演説〟発表二十五周年を記念した公演だった。君たち自身は公演せず、他人の公演をぶち壊すとは。君たちは数百人規模の組織〝三軍調査団〟を設立したと聞いたが、ただちに解散しろ。」

私は趙院長に代わり、周首相に必死に訴えた。「三軍司令部の文工団では民主を抑圧し、多くの役者が反革命分子にされ、刑務所に入れられた者まであるのです！」

周恩来首相は話を遮らず真剣に聞いていたが、最後は私たちに警告した。

「君たちはただちに学校に帰り、学院内部の運動に専念し、今後はむやみに社会を混乱させてはいけない。闘争はとても複雑で、君たちは決して真実を理解できない。ただちに〝三軍調査団〟を解散し、これ以上、大きな間違いを犯すことを避けるのだ。」

政務で多忙な周恩来首相は、全国が混乱状態にある中、可能な限り古参幹部を守り、大衆組織との対立を解消させるために最大限の努力を尽くした。今思えば、彼の厳しい叱責の中にも、私たちのような若者に対する思いやりと心配りを感じることができた。

周首相の忠告は、問題を穏便に解決しようとするものだった。しかし、事態はまったく予想外の方向に進んだ。驚いたことに、私たちの相手は三軍文工団の保守派組織だけでなく、彼らを支持する三軍司令部の上級指導者だけでもなく、実は偉大なる副総理の林彪《りんぴょう》と江青《こうせい》同志だったのだ。

数日後、三軍文工団の連合公演が天安門広場で盛大に開かれた。林彪元帥とその夫人は公演を観に行き、親しく役者に接見した。中国を代表する新聞「人民日報」「解放日報」はともに、林彪と夫人が役者に接見した写真を大々的に掲載した。この事態はわれわれに大きな打撃となった。

私はどうしても納得がいかなかった。思わず不満を口にした。「林副主席が公演を見たからといって、たいしたことではないわ。毛主席はまだ見ていないじゃない。」ところが、この一言が私を窮地に追いつめることになった。「毛主席と林副主席をはじめとする司令部を分裂させようとした」という罪状を着せられ、牢獄に繋がれることになったのだ。

それは一九六七年の真冬のことだった。演劇学部の建物は、われわれ「造反派」の最後の拠点であったため、われわれに敵対する「革命連合」から暖房を止められた。一九六八年初め、林彪が「解放軍総政治部に対し軍事管制を実施する」という命令を下した。そこで、海軍の軍服を身に着けた幹部たちが「占領軍」の姿で解放軍総政治部の機関に進駐した。彼らは「文化大革命の時、忠実に林副主席側に立っていた」ので得意げだった。私たちは、陰で彼らを「海亀の群れ」と罵って呼んだが、表向きは彼らの命令に従わなければならなかった。

## 逮捕され牢獄へ

林彪はまた「総政治部の伏魔殿をたたきつぶす」と命令を下し、総政治部の機関の数千名の幹部の中で隔離され審査された者は七百人にものぼった。もちろん、その中には軍芸術学院の総責任者である趙院長と私も含まれていた。

私たちは演劇学部の建物の二階に拘禁され、一人ずつ「牢獄」で寝起きさせられた。私の牢獄は大教室で三方に大きな窓があり、私はベッドを黒板の直下に置き、蚊帳を掛けて一人で寝起きした。思い返せば一九六七年の初めから、考え方の異なる紅衛兵同士の間の対立が全国的にいっそう激しくなり、ついに考え方の相違から対立、敵視、言葉による闘いから武力による闘いにまで発展した。

毛沢東夫人の江青は、造反派を守るために「文攻武衛」のスローガンを発表し、その後各地で次々と「文攻武衛戦闘隊」が設立された。これは実は専門の武闘隊であった。最初はこん棒やたがねを手にしていたものが、やがて公然と軍隊の銃を奪い取り、兵器工場の戦車やミサイルが出動するようになった地域もあったという。

保守派の演劇公演を中止に追い込むため造反派が起こした「五・一三武闘事件」のゆえに監禁された私たちは、冷静に物事を考えることができるようになった。悔しかったが、政争に利用された自身の愚かさにも気がついた。おまけに私は、運よくここでいち早く監禁され、その後に起こった悲劇的大規模武闘に参加せずにすんだのだ。

「悲劇的な」というのは、「愚かな」と言うこともできよう。それは、対立する双方が自分たちこそ毛主席の革命路線の代表だと固く信じていたことだ。大会を開く時、デモ行進する時、双方は「毛主席万寿無彊（毛主席は限りなく長寿）！」「林彪副主席は永遠に健康！」といった同様のスローガンを叫んでいた。だが互いに、自分たちこそ毛沢東の「秘蔵の弟子」だと実証するため、相手を死地に追いやっていったのだ。

ある日私は、午前、午後、夜と連続十時間以上も批判され糾弾された。だが、私の「罪状」が長々と読み上げられても、すべては誰もが知っていることなので、糾弾者たちの新たな憤りを呼び起こすこともなく、批判会も盛り上がらなかった。その時、冷ややかな声が会場の重苦しい空気を打ち破った。

「李北利、あなたはソ連修正主義とどんな関係があるのですか。」

一瞬、原子爆弾が落とされたかと思った。なんと「外国に内通するソ連のスパイ」という罪状が私に着せられていたからだ。時はまさに一九六九年三月、中ソ国境の珍宝島の一帯で中国とソ連の大規模な軍事衝突が起こり、国内で抗議デモに参加した述べ人数は、新聞の統計で四億人以上だった。私にスパイの嫌疑がかかった瞬間、間違いなくみんなの怒りがみるみる沸き上がり、後列ではテーブルの上に飛び上がる者までいた。

発言者は、私のもう一人の入党推薦者で私が最も尊敬していたクラス担任の先生だった。なぜこの先生が私をソ連のスパイのように糾弾したのかがわかった。私が共産党に入党後、まもなくのことだった。学校で文芸界の思想を正す運動が起こり、その時うっかり自伝の中にロシア人の友人との交流のことを書いてしまったのだ。中学のクラスで中ソ混血のニーナという女の子と親友になったこと、彼女が後にソ連に帰国してモスクワ中央放送局に勤めていたため、私は彼女に手紙を書いたが手紙は返送されて連絡は途切れたということを。テーブルをたたく音と叫び声が私を襲った。

「モスクワ中央放送局！　あれはソ連の代弁者だ。君はなぜ彼女と連絡をとったのか。彼女の父親は部隊から転勤させられ監視されていたことを知らなかったのか。正直に答えなさい。黙っているとはどういう態度だ！」

私の周囲にいるのはもはや人間ではなく、オオカミの群れなのだと思った。一九五〇年代後半、私がニーナと知り合った頃、中ソの対立はまだ公にされていなかった。その「中ソの友情は永遠に」と言われた時代、ソ連の子どもとの文通は北京の高校生の誰もがしていたことを、彼らが知らなかったはずはない。彼らはただ、私を「ソ連のスパイ」にしたいだけなのだ。私は運命とあきらめた。私はあっさりと言った。「私は外国に内通するスパイです！」

その一言が、義憤に燃える勇士たちをようやく落ち着かせた。

牢屋に帰ってまず目に入ったのは、壁に掛かった毛主席の大きな肖像画だった。なぜかわからないが、その毛主席の顔は、もう昔の「まばゆい光を放つ偉大で慈悲深く優しい」顔ではなかった。その年老いた顔は筋肉が緩み、死んだ私の祖母に少し似て見えた。私は心の中でつぶやいた。「あなたが造反を扇動しなかったなら、私たちはこんなことにならなかった。文化大革命の無関心派や投機派は、私たちよりずっと賢かった……」そう思った瞬間、天が崩れ落ち、地が裂け、私の頭の中にある邪心を撃った。こんな大それたことを考えたことに恐怖を感じた。

泣きながら顔を上げ、窓の上にある暖房用の給油管を見て、首を吊るための帯を掛けるところを探していた。偉大なプロレタリア文化大革命の中で、私はわけもわからず次々と間違いを犯し、ついには「外国に内通するスパイ」の罪名まで着せられてしまった。私の人生はもはや終わりだ。

絶望した私の泣き声に隣の房の魏院長が驚き、牢屋の入り口に腹ばいになり、廊下に向かって叫んだ。「当番同志、大変です！」まもなく、首都警備師団の周政治委員が数人を連れてやって来た。「隣の李さんがひどく泣いています。」隣の房にいた魏院長が言っているのが聞こえた。周政治委員は私の房に入ってきた。首都警備師団は全軍から選出された最も優秀な軍人で構成されていた。周政治委員の温和で静かなまなざしは私を落ち着かせた。

絶望的な気持ちで私は言った。「私はソ連修正主義者のスパイではありませんし、外国にも内通しておりません。」

「外国に内通しているのかね？」と周政治委員は尋ねた。そして、こう続けた。「現在、珍宝島で戦争が起こっている。これは間違いなく、君がソ連の頭目のコシキンと一緒に画策したものので、君は昨晩コシキンと乾杯でもしたに違いない。」彼は驚いた風もなく冗談を言った。後ろの警備員と当番の戦士は笑いをこらえるのに苦労していた。周政治委員は、私が無罪であることを知っていたのだ。そしてこう言った。「北利同志、あなたも共産党員ならば、闘争の試練に耐え、党を信じ、大衆を理解しなさい。」周政治委員の話は私を少し安心させた。

その頃、江青が解放軍芸術学院を解放し、その施設や財産は彼女のお気に入りの「見本劇団」に残す命令を出した。軍芸のすべての幹部と学生は、指定の期日までに下級部門に転属、あるいは地方に転勤となる。配置を決める際、軍宣隊と工宣隊の指導者は「思想の批判は厳しく。組織の処罰は寛大であれ」の方針に基づき、まず私たちに対し、非情な批判を行い、私たちを憎む元保守派の人々に十分報復させ、その後、党の寛大な政策を実行した。

感謝すべきことには、元演劇学部の張主任と呂政治委員が、私のためにわざわざ軍宣隊と工宣隊の指導者たちを説得してくれた。「李さんは頭が単純な子で、文革時期にはいろいろとやり過ぎたが、文革前には良い子だったのです。もう一度やり直すチャンスを与えてはいかがですか」と軍宣隊の指導者に掛け合ってくれたのだ。幸い、彼らは私たちを階級闘争においては珍しいハト派だと思ってくれた。私は、感動と感謝、恥ずかしさと悔しさで胸がいっぱいになった。ついに軍宣隊は、私たちのような学生の数人に対し、「素直に罪を認め態度が良かったので、審査を終える」と決定した。そして、大軍区文工団に配置されることになり、他の軍事学院の卒業生と同じく、着任後は士官の待遇を受けられることが決まった。

年末に配置が発表され、私は北京に近い瀋陽軍区文工団に配属されることになった。ところが、準備を整えて出発を待っていると、階級闘争で「タカ派」に属していた青年が駆け込んできた。私たちに対する軍宣隊の寛大な処置に不満があったのだ。彼は一人で軍事管制委員会に行き、「ハト派」に対する処分を不服とし、訴えたのである。その結果、私たち「ハト派」の罪人たちは、政治犯容疑者として甘粛省か青海省の軍区農場に配置され、労働による思想改造を行うことが決まった。しかし今思えば、私たちはまだ運が良かったのだ。なぜなら魏院長も趙主任も、一九七一年九月に「林彪事件」が起こるまで、ずっと牢獄に繋がれていたのだ。

景色にはだんだんと緑が少なくなり、西へ行くにつれて風景は荒涼としてきた。やがて列車の窓の外は荒れ果てて一軒の家もない広大なゴビ砂漠になり、たまに野生のラクダが歩いているのが見えた。目の前に広がるのは新しい世界だった。生き延びた喜びが若い命を満たした。新たな希望を勝ち取ろう！　新たな人生に向かって行こう！　すべてをやり直そう。私たちを乗せた列車は一路、甘粛省の「軍区農場」という労働改造所へ向かって突き進んで行った。

# 第四章　微かに見えた希望の光

## 悲しいクリスマス・イブ

一九五七年、剛希は二十五歳になった。再開したジャズバンド「ファイブフレッシュマン」は人気を取り戻し、銀座のキャバレーを中心に毎夜二時まで演奏活動を続けた。剛希はメンバーに給料を渡す日が楽しみで、月に二回、月中と月末に給料を渡し、優越感に浸っていた。自分の力で自分の天下を築いたのだ。牧師をしている老父との対抗戦で勝つのは、間違いなく自分のほうだろう。剛希は、伝道に力を注ぎ貧しい生活に安んじていた両親を思った。まったく融通がきかず頑固なのだ。かわいそうに、と思った。自分は金持ちになりたいという夢を叶えた。月収は普通のサラリーマンのおよそ三倍だった。

銀座のキャバレーには何人ものホステスがいた。毎晩、厚化粧とつけまつげで客と同席し、ダンスを踊る。彼女たちは生活に不安を抱いており、ほぼ全員が新興宗教に入信していた。更衣室に本尊を置き、それを拝むのだ。自らを神聖かつ純潔な者とするキリスト教は彼女たちに伝道しようとはせず、また彼女たちを受け入れることもない。それゆえ彼女たちは偶像礼拝を精神のよりどころとするのだ、と剛希は思った。知らず知らずのうちに、彼はキリスト教を批判していた。

　ある日、新人の女の子が入ってきた。淡路島の畳屋の娘で、下にまだ三、四人の幼い弟や妹がいた。彼女は穏やかで優しく優雅で、すぐに多くの客の注目の的になった。やっかいな客にからまれた時には、剛希とバンドのメンバーが彼女を助けた。

　いつしか、剛希と彼女は愛し合うようになった。だが、この大恋愛は悲劇に終わる。ある中年の大会社の偉い人が割り込んできたのだ。もちろん彼女は剛希に惹かれてはいたが、キャバレーを辞めて何の心配もない専業主婦になるために、彼女は結局、剛希と別れる道を選んだのだ。

　胸が張り裂けんばかりだったが、剛希は別れる時、部屋の奥の棚から金を取り出し、花嫁衣裳の支度金として彼女に渡した。娘は両手で顔を覆い、畳に突っ伏して長い間泣き続けたが、それでもやはりアパートを出て行き、その後二度と現れなかった。わが世の春を謳歌していた加来剛希は、このことで言いようのない苦しみと挫折を味わった。

　あるクリスマス・イブのこと、客は夜通し賑やかに騒ぎ、バンドも昼から夜まで休みなく演奏した。それから気持ちよく酒を何杯か飲み、剛希は始発電車で池袋駅に着いた。

駅前の広場で、どこかの教会の聖歌隊と信徒たちが讃美歌を歌いながら行進していた。人がどんどん集まり、歌声も大きくなっていく。数年前、自分もあのキャロリングの指揮者と同じように、佐賀教会の若者たちを率いて讃美歌を歌いながら徹夜で街を行進したことを、剛希はふと思い出した。われ知らず、気がついた時にはキャロリングの列に加わり、低く力強い声で小さい頃からすっかり馴染みのクリスマスの讃美歌のバスのパートを歌っていた。

「あなたもクリスチャン？　どこの教会ですか。」

近くにいた年配の婦人が、いぶかるように冷ややかに聞いてきた。この一言が剛希を懐かしく温かい世界から引き戻した。彼も思わず冷ややかに答えていた。「私はどこの教会でもない！」

剛希は身をひるがえしてキャロリングの列を離れた。彼はずいぶん後まで、その時の光景を覚えていた。そして、こう思った。あの時、もし誰にも邪魔されていなかったなら、あるいはやさしく挨拶をする人があったなら、そのままその人について彼らの教会に入っていたかもしれない。あの婦人が冷たかったのは、私が酒の匂いをさせていたからか、それともジャズマンの服装が気に入らなかったからだろう。クリスチャンはいつになったら、もう少し寛容に、もう少し親切になるのだろう……。

## 天使のような女性

一九六一年、三十歳を前に、剛希は真剣に結婚のことを考え始めた。バンド仲間はみんな次々と結婚していった。明るく温かい家に帰る仲間たちが羨ましかった。後に当時のことを振り返り、剛希はその手記にこう書いている。

私はキリスト教の世界の女性のことをよくわかっている。小さい頃からその環境で育ったからだ。また一般社会の人たち、それにキャバレーの女性たちも見てきた。クリスチャンでない女性の中にも、すばらしい人が大勢いるし、教会の女性の中にも、心がけの良くないひねくれた人がいる。だが、クリスチャンはやはり、神を敬う人たちだ。神のない世界には男女の三角関係や不倫がはびこっている。この数年の間にも、嫉妬や恋人の奪い合いから起こったさまざまな惨劇を目にした。

剛希が仕事をしていたキャバレーでは、ホステスたちは厚化粧で、ほの暗い照明の下ではドキドキするほど誰もが美しかった。ある時、店の全員で慰安旅行に行き、海水浴で化粧が落ちた彼女たちの素顔を初めて見た。誰が誰なのかほとんどわからなかった。それに比べ、彼は教会の化粧をしない若い女性たちの、清らかでかわいらしい面差しを思い出した。

クリスチャンの世界から逃げてきたはずの剛希だったが、自分の花嫁探しには父親の助けが必要だと悟った。思い切って父の加来牧師に相談を持ち掛けたのだ。父は放蕩息子から連絡があったことを、もちろん喜んだ。剛希の信仰が回復するように祈り続けていた父親にとって、息子のほうからお嫁さんはクリスチャンがいい、という申し出は大歓迎である。そこで加来牧師の頭に浮かんだのが、旧知の大橋武雄牧師にはちょうど年頃のお嬢さんがいたことだった。

ずっと以前のことになるが、加来牧師が二十六歳で、呉の教会で伝道にあたっていた頃のことである。当時、教会には大橋忠子という二十歳の女性がいた。重病の床の中で、彼にこう言った。

「先生、死にたくない。」

「あなたは救われているでしょう。」

「はい、でも先生、私はこんなに恵みをいただいているのに、家族をはじめいまだに一人も導いていません。これでは天国に帰れません。」

「それなら大丈夫、聖書には〝一粒の麦が地に落ちて死ななければ、それはただ一粒のままである。しかし、もし死んだなら、豊かに実を結ぶようになる〟とあります。」

「そう、うれしい。」

彼女は微笑んでこの世を去った。葬式の時、彼女の兄が言った。「私は無神論者でした。しかし、妹の死に直面した時の平安と望みに満ちた顔を見て、もう神を否定することはできません。私は今日を期してイエス・キリストを信じます。」この人こそ、後にイムマヌエル総合伝道団の指導者の一人となった大橋武雄牧師だった。

二人の牧師が心を尽くして準備を整え、加来剛希はその日、大橋牧師の家へお見合いにやって来た。剛希は客間にかしこまって座り、三、四人の若い女性がお茶の支度をしているのを見て、あの中のどの人だろうかと思っていた。ついに大橋家の三女、順子が進み出た。彼女は二十四歳で、看護婦をしており、ほっそりとした姿は美しかった。

二十九歳の剛希は、ひと目見たとたんすっかり心を奪われた。そして、この思いは愛へと変わり、その後ともに過ごした三十二年間の最初から最後まで、深く心に刻まれ続けた。順子にとっても、生まれつき気が強く豪快でユーモアのある剛希の性格は、もの珍しくもあり、楽しくもあった。

「順子さんと結婚させてください。」剛希が将来の義父に深くお辞儀をして言った。

大橋牧師は言った。「言っておかねばならないが、順子は精神的に非常に弱い子です。二十歳の頃、仕事の悩みから精神科に行ったことがあります。」

剛希は断言した。「私は彼女を、彼女のすべてを愛しています。元気な人でも病気はします。病気だからと言って拒む必要はありません。私はすべての責任を喜んで負い、私の手で彼女を幸せにします。」

放蕩息子の剛希がクリスチャンの女性と結婚し家庭を持つということは、加来家の人々にとって長年の祈りであり、悲願でもあった。だから剛希の結婚相手に順子が決まった時、剛希の気持ちが変わらないうちにすぐ結婚式を挙げることが密かに計画されていた。

上京した加来牧師は、剛希に相談することなく、浦和の教会の穴井慈牧師に司式を頼み、その足で剛希のもとへ行くと「すぐ結婚しなさい」と急《せ》かした。剛希が「いつですか」と問うと、「今日だ」と言う。

その日、静岡に伝道に行っていた大橋牧師には電報で、すぐに上京するよう要請、教会では牧師夫人が、自分の着たウエディングドレスをタンスから引き出してきた。かくて加来剛希と大橋順子の結婚式は、慌ただしい中にも無事執り行われたのである。式に出席した者のほとんどがこの計画を知っていた。知らぬは計画の主役である剛希本人だけであった。

## 涙とともに種を蒔く

結婚後も生活は以前と変わらず、剛希は毎日深夜二時まで仕事をし、酔っぱらって家に帰ることが多かった。時にはバンド仲間を全員連れてきて真夜中に騒々しく酒を飲み、ポーカーやオイチョカブをすることもあった。順子は酒や食事を用意しながら、目に涙をためて彼らのために祈った。

「主よ、彼らにあわれみを……」

もちろん順子は、家でのことはすべて、祈ってくれている父や教会の仲間に報告していた。

「気を落とさなくていい。」父親の大橋牧師は言った。「聖書にはこうある。『涙をもって種まく者は、喜びの声をもって刈り取る。種を携え、涙を流して出て行く者は、束を携え、喜びの声をあげて帰ってくるであろう』（詩篇一二六篇六、七節）。だから、神の言葉を信じよう。」

ある日、剛希は泥酔して帰り、玄関に入るなり吐いて倒れた。ぼんやり気がついた時、順子は涙を流しながら彼の服についた汚れを拭き、それでも彼のために祈っていた。「主よ、どうか、あなたから離れてしまったこの子の心を動かし、呼び戻し、悔い改めてあなたのそばに帰らせ、あなたの用いる器としてください。」

その時、剛希の心に突然、何とも言い表せない感動が湧き上がった。そして、愛する妻を喜ばせるために、剛希は日曜日に順子とともに教会へ行くことにしたのだ。教会の会員たちは、顔には出さずにこの少し異質の新入りを観察した。どうやら、あの有名な「パン屑牧師」加来国生先生の息子らしい。小柄ながら堂々としている。鋭い眼で自信たっぷりに周囲を一人ひとり観察している。こだわった作りの背広に鮮やかな色のネクタイ、つややかに濃い黒髪、唇の上の髭。ふだん見慣れた牧師の息子たち――地味で穏やかな良い子たち――と彼を一括りにするのは難しかった。こんな人を見かけたら、おおかた裏社会の若いボスだと思うだろう。実際、長くキャバレーに勤めていると、どうしても裏社会と関わらないわけにはいかなかった。剛希がドスのきいた低音で自己紹介した時、教会の中は静まり返り、終わった後の拍手も戸惑い気味だった。

「でも、やはり彼は牧師の息子ですね。彼と握手をした時、誠実で熱意のある人格的な魅力をはっきりと感じました。」教会執事の村松氏が、穴井牧師にそう言った。それを聞いて穴井牧師は、ある決心をした。「彼をできるだけ教会の活動に参加させましょう。父親の加来牧師から、くれぐれもと託されているのです。この機会を逃さず、彼が主のおそばに帰り、主のしもべとなるよう神に祈りましょう。」

彼らは剛希の教会での行動の特徴をまとめてみた。まず礼拝の時、特に牧師の説教の時には、彼はだいたい居眠りしている。毎日、仕事が終わって家に帰り、寝るのは明け方の四時だという。次に、彼はいつも入り口の近くに座っている。礼拝が終わったとたん、奥さんはまだいるのに彼の姿は消えている。そこで、教会の人々も対策を考えた。礼拝が終わる時に、村松執事が急いで教会の入り口に走って行き、出て行こうとする剛希を連れ戻すというのだ。

村松執事が声をかけた。「やあ、私は教会学校の成人科を担当しています。今日はルツ記を学びます。一緒にいかがですか？」

目上の人に丁寧にそう言われると、剛希もむげには断れない。村松氏の後について教会学校に出た。それからというもの、聖書の学びが楽しくなったのか、剛希は自然に、礼拝後には教会学校に参加するようになった。

## 新しい命の誕生

一九六二年九月、結婚して一年後、彼らに子どもが生まれた。天使のように純粋で清らかな乳飲み子の瞳を見て、剛希の心には言葉にできない激しい感情が湧き上がった。そして、こう考えずにはいられなかった。確かに今は仕事が順調で収入も増えた。かわいい子どもも生まれ、何の不自由もない。しかし、このあどけない子が少しずつ成長して大人になっていく時、もし今の私のような自由奔放な生活をまねしたら、将来はどうなってしまうのだろう。私はこれまで、神も父もないがしろにしてきた。今ではヤクザが経営するキャバレーで働いている。そこは欲望の罠に満ちている。麻薬をやる者もいれば、ホステスを利用して傷つけている者もいる。私がそこまで堕落していないのは、小さい頃から牧師館で善悪の分別と道徳心を植えつけられたからにほかならず、それに感謝しないわけにはいかない。だが、この子は小さい頃から今のような環境で暮らしたら、将来はどうなってしまうだろう。剛希はその先を考えたくなかった。自分の歩んできた人生に疑問を抱き始めた。

東京放浪中に結婚、子育てをしながら自分の人生を見つめ直す（31 歳）

順子と過ごすようになってから、彼は自分が変わりつつあることを感じ始めていた。これまですっかり忘れかけていた神への思いが、知らず知らずのうちに、少しずつ回復してきていたのだ。

剛希は父の同意を得て、この子を「国生」と名づけた。この子自身の祖父と同じ名前をつけたのだ。加来国生老牧師は、このことに大きな慰めと希望を感じたに違いない。剛希はこの子の運命を、自分の父親である加来国生牧師に託した。それはつまり、神に託したとも言える。自分は神学校を中退したが、代わりにせめてこの子が十字架を背負ってくれればいい、と剛希は考えていた。

翌一九六三年、剛希の姉の夫、新潟の吉津孝牧師から電話があった。「剛ちゃん、サクソフォンを持って来て、ここの新生運動で奉仕してくれませんか。バプテスト連盟が全国で新生運動という伝道活動をしているのです。アメリカからも教会のミュージシャンが来ることになっています。手伝いに来てもらえませんか。」

姉が言った。「剛ちゃん、演奏技術を勉強する良い機会よ。」剛希はこの申し入れを断らなかった。吉津牧師に対し、良い印象を持っていたからだ。

剛希はサクソフォンを持って新潟に駆けつけた。これほど多くのすばらしいクリスチャンアーティストとともに演奏できるのは実に楽しかった。練習を始めた時から、剛希は清々しく神聖な雰囲気に身を清められる気がして、心の故郷に帰ったような強い感情が呼び起こされた。

伝道集会の当日、讃美歌「アメージング・グレイス」を演奏しながら、剛希は熱い涙があふれるのを抑えられなかった。周囲の何もかもが消え去り、音楽の中に、遥かな神の国を仰ぎ見ていると、主に招かれているように感じた。

ああ、私はこれまで神を遠ざけ、神に背いてきたが、今日わかった。

神はこれまで剛希を遠ざけることをされなかったのだ。天の父なる神は、放蕩息子の帰りをじっと待ってくださっていた。「主よ、あなたの息子とされる資格のない者ですが、こんな私でももう一度、赦していただけるのですか。」剛希は心の中でつぶやいた。

その伝道集会は終わりに近づき、メッセージを語っていた宣教師が感情を高ぶらせて呼びかけていた。

「悔い改め、神の赦しを受け、神の与えたもう新しい命を受け入れ、これより一生を神に委ねる決心をした方は、どうぞ前に来てください。」

剛希は、まるで魂が抜けたように無意識のうちに、サクソフォンを手にしたまま楽団の中から出ると宣教師の前に進み、祝福の祈りを受けた。

「主よ、私は帰って来ました。あなたに呼ばれているのがわかりました。あなたの赦しと愛に報いるため、これより生涯をあなたに捧げ、福音を伝えるため献身します。」

剛希はそう心の中で祈っていた。――信仰とは何だろう。それは科学的な方法で、神の存在を論証することではない。神は、科学を、あらゆる事を超越している。信仰とは、身を持って体験することだ。神から愛されている、神がともにあることがはっきりわかった時、ちょうど無線の周波数が合ったように、神の声を絶え間なく受けるようになる。その声は人に新たな生命を授け、新たな道を示す。このような神がともにあるという体験は、誰も奪うことはできない。

## 闇から光への転身

生まれ変わった剛希は、銀座のキャバレーに戻り、ここはまったく自分のいるべき世界ではないとはっきり感じた。目の前のあらゆるものにうんざりしていた。伝道集会で演奏した時の、あの神聖で清々しい気持ちに比べて、キャバレーでの演奏には埋めようのない空しさと寂しさを感じた。ここからは去るべきだと剛希は思った。この時、新生運動の宣教団も東京に来ていた。日曜日の礼拝の後、剛希は教会の村松執事とともに付近の家を一軒ずつ回り、福音のチラシを配って伝道集会への参加を呼びかけた。伝道集会の三日間、剛希はキャバレーを休み、喜びにあふれて音楽奉仕をした。

その後、銀座のキャバレーに行き、バンドを辞めることを告げた。もちろん、キャバレーを仕切る者たちは驚き、戸惑いを隠さなかった。すぐに四、五人が彼を狭い部屋に連れ込み、思いとどまらせようとした。

「なぜ、辞める。別の商売でもやるのか。」

「牧師になる。」

「ボクサーになる?」

「ボクサーだと? いや、ボクシングよりプロレスのほうがいいんじゃないか。お前はあの有名なプロレスラーに似ているからな。だが長い目で見れば、やっぱり今の商売のほうが稼げるだろう。」

「ボクサーじゃないの。ボクシ、教会の牧師先生だ。」

「それは、儲かるのか。」

「そうでもない。」

話し合いは二時間以上続き、どちらも相手を説得できなかった。睨み合いが続きそうな気配に、双方とも焦り始めた。バンド結成後まもない頃には、若く血気さかんな剛希は横柄で独断専行のため人を傷つけ、みんなにそっぽを向かれて孤立したこともあった。だが今や、彼はその複雑な環境で揉《も》まれ、余裕ができていた。

剛希は生来、太っ腹で人を理解することに長《た》け、ほとんど誰とでも友人になれた。バンドにしろホステスたちにしろ、彼がいることで仕事がうまく回っていた。彼の堂々とした風格とユーモアのある性格は店の内外で慕われ、常連客を繋ぎとめ、店の内外の複雑な関係に対応できる中心人物になっていた。だから店側としては、彼がいなくなった後の状況を想像さえできなかった。

ついに一人がすごんだ。「この世界に入った者が足を洗うには、指を詰めることくらいわかっているだろう。」これはヤクザが部下を従わせる切り口上だった。

剛希はこれ以上無理だと思い、冷静にはっきりと言った。「指を全部詰めようが、殺されようが、私はイエス・キリストに従う。」

その言葉には自信と確信が満ちており、まるでイエス・キリストが彼の背後に立っているかのようだった。イエス・キリストが何かまったくわからないヤクザたちも、これにはいささか背筋が寒くなった。

しばし耐え難い沈黙が続き、ついに相手が折れた。「まあ、勝手にしろ。こっちも悪いこと

放蕩息子は帰還し、「サクソフォンを吹く牧師」に

をしたいわけじゃない。今日は閉店後全員残れ。ホステスもだ。酒を用意して加来君の送別会をしよう。キリスト教の先生になるんだからなあ。」キャバレーの支配人はそう言い終わると、真っ先に「蛍の光」を歌い始めた。それは毎日、閉店の前に剛希のバンドが演奏する最後の一曲だった。

こうして三十一歳の剛希は、八年間一人で奮闘努力した東京を離れ、愛する順子夫人と一歳半になった国生とともに、故郷の佐賀教会に帰った。放蕩息子は、自らの父親のもとに、そして天の父なる神のもとへと帰還したのである。

## 遥かなるゴビ砂漠

列車はシューロー河を過ぎ、ついに私たちの目的地――河東駅に停まった。列車から降りて眺めると、目の前にあるのはこれまで見たこともないような広い空と大地である。小さな小さな駅だった。三十メートル余りのコンクリート造りのホームに小屋が一つだけあり、半分が切符売り場で半分が待合室だ。改札口はなく、柵もなかった。停車時間は一分間で、降りたのは私たちを含めて四、五人だった。北京から来た帆帆、篠梨、そして私の三人の預けていた荷物はホームに並べられており、手続きは必要なかった。

私たちと同時に降りた革の軍用コートを着た若い士官が、軍人同士ということで自然に近づいて来て挨拶した。「あなたがたは女子小隊長の交代で来たのでしょう?」

「いいえ、私たちは兵士として来たのです」と私は答えた。その士官は背が高く、身なりは質素で、柔和な陝南《せんなん》方言で話していた。彼は私たちを待合室で待たせると、まもなく一台の馬車を引いてきた。馬車の木製の車輪はとても大きく、子どもの頃に漫画で見た（中国の）戦国時代の軍事用の車両を連想させた。孤独な馬車は悠々と平原を歩き、やがて夕日の最後の光が消えた。黄昏の中、遠い地平線上に高くそびえる堅固な建造物が、広大な天と地の間にくっきりと見えた。

馬車を操りながら士官が言った。「あれは古代の狼煙《のろし》台です。ゴビ砂漠は非常に乾燥しているので、二千年前に土で築いた狼煙台が今なおそびえ立っています。省軍区の農場の本部はそこに設けられています。」

狼煙台！ 私は自然と、周時代の幽王の狼煙台の故事を思い出した。賑やかな北京を離れ、今日から私たちはこの荒涼とした古代の戦場に属するのだ。士官の説明によると、省軍区の農場には八つの正規の百人編成の連隊があるほか、八百人あまりの大学卒業生で八つの学生連隊を編成しており、各連隊に女子小隊があった。連隊・小隊の幹部はすべて現役軍人が担当し、女子小隊の小隊長は軍区病院と通信兵営の女性兵士が臨時に担当している。そのため彼はさきほど、私たち三人の女性軍人を女子小隊長の交代に来たと勘違いしたのである。

その軍区農場は「五七農場」と呼ばれていた。一九六六年五月七日、毛沢東が林彪に宛てた「軍事委員会総後勤部」の「部隊の農副業生産のより適切な実施に関する報告」の手紙、いわゆる「五七指示」から来ている。この指示は次のようなものであった。——このような農場を作り、国全体を軍人、労働者、農民、学生が、ともに肉体労働を重視し、また軍事、政治、文化も学び、みんなが平等で、ブルジョアジーを批判する軍事共産主義の大学校にする。そうすれば、新型の官僚主義階層は現れず、修正主義も現れず、美しく理想的な「ユートピア」を形成できる、と毛沢東は考えた。

高くそびえる狼煙台の横で馬車を降りると、傾斜地の近くに整然と並んだ平屋の建物が、すべて黄色い泥で造られているのがわかった。それが農場本部だった。私たちは、その本部のすぐそばにある学生第七連隊に配属された。連隊長は、私たちを駅から連れて来た若い士官の唐国忠で、陝南に帰省して帰って来たところだった。

私たちは唐連隊長に従って学生第七連隊のある場所に行ったが、空き家に一対のバスケットゴールが立っているだけで、一つの建物も見えなかった。不思議に思っていると、突然まるで地球の奥から飛び出して来たように「あら、連隊長、お帰り！」と大声で私たちに挨拶する人がいた。連隊長は私たちを連れて、狭い土の階段に沿って地下に降りて行く。なんと不思議なこと！　連隊本部は地下にあったのだ。モグラが地下の洞窟に住んでいることは知っていたが、人間も地下に穴を掘って住むことができるとは思いもしなかった。

地下の「連隊本部」の印象は悪くなかった。平らで滑らかな壁面、突き固めた平らな地面、

甘粛省軍区の農場で「下放」労働中、住居に立って（24歳）。人間はモグラの穴のような所にも住めるのか。

温かい石炭ストーブと淡く仄かな照明……それらを見ながら、実は地下の洞窟は案外、居心地がよい場所なのだと感じた。

私たち三人は、それぞれ女子小隊の三つの班に配属された。私は八班だった。驚いたことに、そこにいた十人のほとんどが、清華大学や上海交通大学など名門と言われた大学の卒業生だった。階級闘争の観念が強い時代だったため、私はすぐに理解した。名門校の最先端の専門部門を卒業しながら、荒涼とした広大なゴビ砂漠の農場に配属された彼らは、おそらく政治的背景が特に良くない人たちなのだと。

八班で上海から来ていた美しい三人の女の子は、みんな上海の大企業の資本家の娘だとわかった。その他、出身の問題以外に、私と同じく過剰な政治的情熱のために文革中に誤りを犯した人たちもいた。私たちはみんな、「社会の不安定要素」として遠方に配属されたのであろう。甘粛省は気候が極めて悪く、とても貧しい地域で、そこに配置されたのには明らかに懲罰の意味があった。

## セメント運搬競争

私が初めて参加した労働は、駅で汽車からセメントを降ろし、一車両分の袋入りのセメントを近くの「駅駐在小隊」の倉庫まで運ぶことだった。その日、セメントを運ぶのは、女子小隊の女子大生と駅駐在小隊の若い兵士たちだった。セメント一袋の重さは五十キログラム、駅から駐在小隊までの距離は約三百メートルだ。午前中に数回運ぶと、セメントの粉末が汗と一緒に首から滴り、みな顔や頭がほこりにまみれ、ひどく疲れた。

昼食後、駐在小隊の小隊長が、士気を奮い立たせるため女子小隊との競争を提案した。青年男女の戦士たちが女子大生と肉体労働で競争するというのだ。小隊長が他の二人の班長を呼び、二人で話し合い、すぐに全小隊を集め、ルールを説明して開戦前の動員を始めた。

小隊長は熱を込めて言った。「これは革命の苦しみに耐える精神を解放軍の戦士が学ぶ絶好のチャンスですよ。」

私が属する八班の班長は、すぐに率先して意味ありげなスローガンを高らかに叫んだ。

「解放軍に学ぼう！　解放軍に敬礼！」

「謙虚に再教育を受けよう！」

「毛主席の教えに従い、苦しみを恐れず、死をも恐れず！」

「決意し、犠牲を恐れず、万難を排し、勝利を勝ち取ろう！」

たちまち抑圧されていた自尊心が、女子のか弱い体内で立ち上がり始めた。競争だ！　何が「臭い知識人」だ、何が「ブルジョア式学校で育った修正主義の苗」だ、そんな屈辱的な帽子はもううんざりだ。めったにないこの機会に、女子小隊の溜飲を下げよう！

試合が始まった。男子戦士は体力で、女子学生は意志の力で、両方ともやればやるほど必死になり、進み具合はほとんど差がなかった。最後に延安出身の八班の班長が、必死に二袋のセメントを担いだ。百キロの重さだ！　やせっぽちで小柄の七班の班長も、歯を食いしばり二袋を背負った。私も思わず試したが、全く背負うことができず、そこでできるだけ速く走る作戦に出た。

最後に私は、男子生徒と先を争って最後の一袋のセメントをつかんで肩に担いだが、息が上がって足に力が入らず、セメント袋が背中から落ちた。その男性戦士が、勝ち誇ったようににこにこしながら助けに来ようとした時、一人の女子が飛び出してそのセメント袋を受け止めてくれたのだ。最後に集計すると、女子小隊が駐在小隊より三袋多かった。私たちが勝ったのだ！

そのニュースは、すぐに農場全体に伝わった。私たちが第七連隊に帰ると、灌漑《かんがい》用水を一日中掘っていた男子たちが、それぞれの宿舎で沸かした湯を持って来て、私たち女子に先に顔と足を洗わせてくれた。七班の班長と八班の班長は、一度に二袋のセメントを背負ったということで農場の人気者となり、「男勝りの娘」だの「鉄の娘」だのと呼ばれた。農場の大学生たちも、もちろん喜んだ。「再教育を受ける者」が「教育者」に勝ったことで、心が晴れ晴れして元気が出た。第七連隊の唐隊長も喜び、これを「再教育政策の成果で、毛沢東思想の巨大な威力だ」とまで過大評価した。

## 北京から来た手紙

このほかにも、私たちはこの辺境の地で、さまざまな楽しいことを身をもって体験できた。また同時に、これほど多くの名門校出身のきわめて優秀なエリートとともに過ごしたこと、苦難をものともせず知恵と知識と尊厳とユーモアに満ちた日々を送ったことはとても貴重だったと思う。残念ながら、そのエリートたちは再教育三年目となったため、春の耕作が終わるとそれぞれの職場に配属されることになった。多くは辺境の小さな町の学校に配属された。八百人いた大学生が一気に農場を離れ、「五七農場」は完全に軍人の世界になった。一緒に来た篠梨、帆帆と私は、農場の中でたった三人の女性となり、再教育を受ける生活が続いていた。

私たちは、農場本部衛生所の近くの小屋に配置された。農場は二十七歳の班長の春望《チュンワン》を派遣してきた。私たち四人は「豚飼い班」を編成し、学生連隊が残した数頭の豚の飼育を担当した。毎日、順番に一人が豚の群れを野原に追い、運動させ、草を食べさせる。残りの三人が豚小屋を掃除し豚の餌を作った。年末には豚は三十頭に増えていた。

農場の豚飼い三姉妹
（中央が筆者）

孤独のうちに、私たちはゴビ砂漠でまた一つの春を迎えた。ある日、私は一頭の引退した警察犬を連れ、三十数頭の豚を狼煙台の南側に行かせた。そこには泉が湧き、その清らか水は一面の低湿地帯を潤し、そこだけ青々とした草が生え、まるで荒涼とした砂漠の中に一粒のエメラルドがはめ込まれているようだった。豚の群れはてんでに草原の上で食物を探し、かわいい子豚たちは遊び戯れていた。

ああ、ゴビ砂漠は水さえあればまったく違う景色になるのだ。

しかしその日、私はこの春景色を楽しむ気持ちをまったく失っていた。重い現実に押しつぶされそうだった。警察犬を連れ、少し高くなったギョリュウの灌木の側に座り、昨日受け取った北京からの手紙をポケットから取り出した。婚約者の心変わりは、予想外のことではなかった。彼は結婚の準備を急いでいた。しかし現実は、二人はこんなにも遠く離れており、将来の見通しも立っていない。

似たような悲劇を、私はこれまでにも周囲でたびたび見てきた。これほど厳しい土地に配置され、再び北京、上海などの大都市の生活に戻ることは、ほぼありえなかった。愛する人と離れ離れになる時、相手の「永遠に変わらない愛」の誓いはすべて真心からのもので、真実だと私は信じている。しかし、離れて一年、二年と経てば、約束を忠実に守ることができるのは、結局わずかな人だけなのだ。

上海から来た八班の于琴《ユイチン》は、もとは他の女の子たちから羨望の眼差しで見られていた。三年の間ほぼ毎日、上海からのラブレターや小包が届いたそうだ。だが意外にも、職場に配置される数か月前から、手紙が少しずつ減り、ついに婚約が解消された。その時、私たちは于琴の顔を見るに忍びず、本当につらかった。今度は私の番だった。

## ワンちゃんの慰め

緑の草原に座り、広々としたゴビ砂漠に向かって、私は北京から来た手紙を破り捨てた。春風がその紙くずを舞い散らせた。こんな時に声をあげて泣くことができる、すばらしい空間を用意してくれたことを天に感謝した。人に話せない屈辱と悲しみは、広い天と地に打ち明けることしかできなかった。天と地しか信頼できなかった。失恋と失敗を馬鹿にすることなく、文化大革命に対する困惑と憤懣《ふんまん》を漏らしても密告されることはなかった。

ここで私は周りも天も地も、すべてを忘れて思いっきり泣いた。しばらくしてふと頭を上げると、目の前になんとも誠実な、そして悲しそうな目が私をジッと見つめていた。

それは「ワンちゃん」と呼ばれていた警察犬だった。ワンちゃんは静かに私を眺めていたが、やがてゆっくりと頭を下げると私の手の甲をなめ始めた。私は心が震えた。ああ、なんと犬にさえ哀れみの心があり、慰めることを自らに課された責任だと思っている。なのに万物の霊長と言われる人類が、なぜあのように互いに憎み合い、相手を窮地に追いやろうとするのか。私は思わず犬の首を抱いて号泣した。私たちは非情にも他人を虐げ、今また自分が虐げられている。人間というものはまったく醜い。私はもう、どんな偉大な人も信じない。自分のことも嫌いになってきた。ワンちゃんだけが私を嫌わなかった。今、ワンちゃんは私の隣に座り、私を支えていた。その表情に私は心動かされた。

その日から、ワンちゃんと私はさらに親しくなった。母が北京から送ってくるタオルや手袋の隙間に、小さな袋に入った飴や菓子が挟んである。そんな時は、豚を放牧しながらワンちゃんと一緒に食べた。

不幸なことに、ある日ワンちゃんが重傷を負った。その日は農場本部で映画が上映されることになっていて、夕方全部の連隊が隊列をつくり、続々と農場本部前の広場に集合していた。その頃、勤務交代でアクサイ・カザフ族自治県からやって来た第三連隊が、カザフ遊牧地域の大きな犬を一頭連れていた。その時、私は豚小屋で桶に水を足しているところで、ワンちゃんは豚小屋の前で待っていた。第三連隊の若く大きな犬がワンちゃんをオオカミと思ったのか、たちまち二頭は噛み合いになった。退役したシェパードのワンちゃんは年老いており、大きな犬の相手ではなかった。私は慌てて大声をあげ、第三連隊の人がその大きな犬を連れ去るまで叫び続けた。二日後、ワンちゃんの首は大きく腫れ、目は半開きでうつ伏せになったまままったく動かなくなっていた。農場長は「感染症を引き起こしている危険性がある。射撃場で処分しよう」と言った。だが、そんな残酷なことはとてもできない。その時、篠梨が「治療しよう」と言ってくれた。篠梨は、私たちの中では最も医療の知識を持っていた。

治療は、冬にジャガイモを貯蔵する小さな洞窟で行われた。私が犬の頭を支え、彼女がはさみで犬の首の上の毛を切り取ると、見るに堪えない傷口が目の前に現れた。傷口の汚れを温めた消毒水できれいに洗い流し、綿棒で傷口にヨードチンキを塗った。犬はヨードチンキの激痛に全身を震わせながら、それでも動かずじっとしていた。傷口からうじが次々と這い出てきた。傷口をきれいに処理した後、消炎のための粉末をたっぷりとかけて包帯を巻いた。数日後、ワンちゃんは奇跡的に回復し、以前のように私たちと一緒に豚を放牧するようになった。

## ワンちゃんの死

また北京から手紙が届いた。私が愛した彼からの手紙だ。病気の母に代わり、叔父の葬儀に出席するため、近いうちに新疆《しんきょう》に行く。そのついでに私が以前彼に送った郵便物、私の写真、それに二百元の預金をしていた銀行の通帳を返したい。ついては河東駅に来てほしい、と書いてあった。最後の別れということだろう。その日、私は春望班長に休みを申請し、ワンちゃんを連れて二十キロ先の河東駅に向かった。

駅まで約三キロの所まで来た。道の横は酒泉軍分区の農場だ。すると突然、一頭の大きな犬が飛び出して来た。私は後ずさりしようとして、その場で転んだ。軍区の犬はとても賢く、決して軍人に噛みつかない。だが、現れたのが女性の私だったため、その大きな犬は一瞬、慣れない臭いに戸惑い、突進してきたのだろう。すぐに私も軍人であることがわかり、恥ずかしそうにクンクン言いながら引き下がった。

しかし、後ろにいたワンちゃんは黙っていなかった。すぐさまその大きな犬と噛み合いになり、私は一生懸命に「ワンちゃん！　ワンちゃん！　帰って来て！　誤解よ、帰って来て！」と叫んだ。軍分区の人が大きな犬を止めた時はもう遅かった。ワンちゃんの首には保護すべき毛がなく、すでに血まみれになっていた。私は軍分区の兵士に衛生兵を呼んで来るよう頼んだ。その時、列車がこちらに近づいて来ているのが見えた。

ワンちゃんは地面に倒れ、呼吸が荒く、全身ぶるぶる震えている。私は泣きながら犬の顔をたたき、「ワンちゃん、頑張って、もう少し頑張って！　すぐ帰って来るから」と言った。ワンちゃんは体を立て直して私の手をなめ、また横になった。やむをえず私はワンちゃんを衛生員に預け、駅に向かって走った。

駅まで五百メートルという時、列車が停まり、彼が降りて来た。彼も私を見た。私は息が上がり、もうどうしても走れなかった。彼が包みを一つ、駅長に渡し、それから私のほうを指さし、私に向かって手を大きく伸ばして振るのが見えた。列車は発車した。小さな駅では一分しか停車しない。

駅長は、紐でしっかりと縛ってある緑色の鞄を私に渡した。鞄には手紙が添えられていた。それは、彼の弟と妹が書いたものだった。


北利姉さんへ。私たちはみんな、とてもあなたが好きです。お母さんもあなたに会いたくて、みんなで泣いたこともあった。あなたは、いつも私たちの家に来る時、飴玉をたくさん持ってきました。あの頃、私たちはあなたが天使のお姉さんのように見えました。私たちもあなたに飴を買いました。あんまり悲しまないでください。弟 妹

続く二行は彼からのメッセージだった。「飴は弟妹が買いに行ったのだ。あなたが気に入ってくれるかどうかわからないが。そうだ、工場で働く私たちの給料はとても安いので、飴を買うお金はあなたの預金の中から出しておいた。」

私は、ふと世の中のことは思ったよりもずっと単純なのだ、と思った。まさに、ゴビ砂漠の、このあくまでも簡潔な天と地のように——。

心の中は、ワンちゃんのことでいっぱいだった。茫然としつつ、早足で帰って来ると、遠くワンちゃんが農場の入り口で倒れたまま動かないのが見えた。衛生員が傍らに座り、私を待っているようだった。悪い予感がした。衛生員は、ワンちゃんは動脈の血管を噛まれて血が止まらず、もうだめだと言った。

私はワンちゃんのまだ温かい体を抱きかかえ、狼煙台に向かって一歩ずつ歩き出した。歩いても、歩いても、たどり着かない。急に両足から力が抜け、地面に倒れ伏した。軍分区の衛生員はシャベルを持って私の後からついて来た。

太陽が狼煙台の向こうの地平線に沈んだ。金色の透明な光がだんだんと薄くなり、太陽はそれはもう赤く、大きく、丸く、温かく、近い。そのままずっと歩いて行けば、その静かで温かい世界に入って行けるように思えるほどだ。犬の墓に寄り添い、太陽が地平線から消えて行くのを眺めながら、全身の感覚がなくなり、思考も止まったままだ。泣きたくても泣けないほどつらかった。

## 天来の声・福音放送

夜はどうしても眠れなかった。目を閉じるとワンちゃんの顔が浮かんだ。深夜、私はイヤホンをつけ、あてもなくトランジスタラジオのダイヤルを回していた。聞こえてくるのは雑音だけで、放送はほとんどなかった。ヒューという、ラジオから微かに聞こえる奇妙な音波が妄想を誘う。あの果てしない宇宙は、どれほど広大で神秘的なのだろうか。

突然、ひっそりと静まり返る宇宙の深淵から、天使のような歌声が流れてきた。それは三人の女性の声で、ソプラノ、メゾ・ソプラノ、アルトの三重唱だった。その声、そのメロディーはあまりにも美しく、私はそれまで、これほど純粋ですばらしい歌声を耳にしたことがなかった。まるで砂漠の泉のように、渇ききった私の心を潤す歌声に、息をのんで聴き入った。その歌詞が耳に飛び込んできた。

イエスは罪人を愛します！
この世のために自分の命を捨てます！

なぜか、わからなかった。この言葉を聞いた時、私は魂の故郷に帰ったように、感動の涙が絶えることなく溢れてきた。ワンちゃんが死んでから初めて、私は思い切り涙を流し、気持ちがずいぶん和らいだ気がした。その後はトランペットの独奏だった。その時、私はようやく、トランペットはただ「突撃ラッパ」や軍歌、戦闘の歌を吹くだけでなく、これほど穏やかな美しい曲を演奏できるのだということを知った。私は目を開き、月の光を眺め、月に照らされた水晶のように透明な荒涼たるゴビを想像し、心ゆくまでその音楽を楽しんだ。月の光で時計を見ると、午前一時だった。その夜、私はぐっすりと眠ることができた。

それから毎日、深夜一時には必ず、そのすばらしい音楽を静かに待った。それは「聖歌園地」という香港のキリスト教ラジオ放送局の番組だということを知った。私は、自分が違法なことをしているのを十分承知していた。「敵の放送局が流す番組を盗み聴きしている」のだ。これが誰かに知られれば、私は「罪の上に罪を重ねる」ことになることも。だが、そのすばらしい音楽へのあこがれは抑えることができなかった。気をつけてさえいれば大丈夫だと思った。第一に、絶対に誰にも話さない。第二に、音が漏れないように「盗み聴き」の時には掛布団に潜り込む。

海外から届けられるキリスト教放送の内容が、こんなにも豊富だとは思ってもいなかった。私の好きな「聖歌園地」のほかにも、生き生きとして面白いラジオ連続ドラマや、ただ「聖書」の朗読をする番組もあった。好奇心から、私は「聖書」がどのような本か知りたくてたまらくなった。

初めて耳にした聖書の箇所は、「使徒行伝」の中で、使徒のパウロがギリシャのアテネに来て、アテネの人に「知られざる神に」について話す一節だった。前後の経緯はまったくわからなかったが、使徒パウロという人はきっと忠実で、正義感のある知恵の人だと思った。

毎回、聖書の朗読が終わると、アナウンサーが「今から、記録ができるスピードでこの節の聖書を繰り返して朗読しますから、紙とペンを用意してください。こうすれば、一年半後には手書きの新約聖書が出来上がります」と言っていたのを覚えている。だが、私には「手書きの聖書」を持つという勇気がなかった。万が一、人に知られたら、それは身の破滅につながるに違いない。

私はだんだんと、連続ドラマにも強く引きつけられていった。登場人物や人と人との間に満ち溢れる理解、哀れみ、いたわりの物語が私を感動させた。ある女性宣教師の一生を描いたラジオドラマを憶えている。ストーリーは起伏に富み、肝心なところになるたび、「この先は、次回をお楽しみに」で終わりなので、翌日は丸一日、主人公の運命が気に掛かり、陽が沈むのが待ち遠しかった。なぜ、これほどキリスト教放送にのめり込んでいるのか、自分でもわからなかった。偉大なマルクスが「宗教はアヘンだ」と言ったのも無理はない。私は今や中毒を起こしたようにやめられなくなっていた。

だが、奇妙なことに、私はアヘンを吸う人のように元気がなくなることはなかった。ただ、生命に大きく豊かな隙間ができたと感じていた。小さい頃からよく知っていた共産主義の理想的な世界以外に、私の目の前にはもう一つ、宇宙を超え、歴史を超え、万物を超える神秘な世界が現れたのだ。

毎晩の番組の最後に、必ず牧師が私たちのために祈った。「慈愛の主、万能の神があなたを守るように……。」それを聞いた夜は、私は必ず安心して眠ることができた。

## 林彪事件が起こる

一九七一年十月上旬のある朝のことだった。蘭州にある省軍区本部講堂には、異様な雰囲気が漂っていた。その時、私たち三人組は、甘粛省の労働改造農場から、取り調べのため蘭州に連れ戻され、省軍区教育指導隊が用意した部屋に寝泊まりしていた。ここで三人は、理不尽な尋問を再び受けるのだが、キリスト教の放送を密かに聴いていた私は、その頃はもはや、「プロレタリア革命の闘士」を吹聴する者がみな良い人だとは思わなくなっていた。

その朝、マルクス・レーニン主義理論を勉強していた数百人の軍隊政治幹部に呼び出しがかかった。「これから党中央の重要文書の発表があるから、すぐに講堂に集まるように。」そのおかげで、教育指導部の敷地には、私たち三人の「五・一六事件容疑者」と一人の女性看守だけが残った。

昼ごろ、政治幹部たちが帰って来た。その姿に異様な雰囲気を私は感じた。一人ひとりが眉をしかめ、いくら考えても答えが出ないといった重々しい顔つきをしていた。逆に、いつもは厳しい表情をしている陳副政治委員が、いつになく作り笑いを浮かべ、私たちに優しく「重労働は安全第一、女の子は体調を崩してはならないよ」と声をかけてくれた。

まもなく、「党中央の重要文書」の内容が明らかになった。一九七一年九月十三日、毛沢東の親しい戦友、新しい党規約の中で毛沢東の後継者とはっきり書かれていた林彪《りんぴょう》が、なんと妻、息子、腹心ら九人と飛行機で逃亡し、モンゴル共和国の草原地帯に墜落して死亡した、というものだった。彼の指揮下にあった三軍司令部の司令官らは、私たちの審査を命じた空軍の呉司令官を含め、みんな逮捕された。林彪親子の罪名は「権力奪取」、毛主席を殺そうと企んでいたというのだ。まさか……。

私たちは自由になった。しかし、私の心はそれほど解放されてはいなかった。ほどなく私は、友人の夢蘭《モンラン》からの手紙を受け取った。そこには、こう書かれていた。――今回の全国での「五・一六反革命分子審査」運動の中で、清華大学の小楊《シャオヤン》が飛び降り自殺した。原因は、彼のガールフレンドが二人の「内緒話」をみんなの前で告発したからだという。小楊を私もよく知っている。当時、私はたびたび小楊と情報交換するため清華大学に行った。小楊の隣にはよく、小柄な福建の女の子、小柳《シャオリウ》がいたのを覚えている。小柳はとても親切で、私のために湯をもらってきて、にこにこしながら福建のお茶を入れてくれた。人が生きるか死ぬかの瀬戸際では、まったく関係のない人からの慰めの言葉一つが命を救えるかもしれない。だが今回は、最も親しい人の裏切りが致命的な一撃になったことは間違いなかった。

# 第五章　それぞれの天路歴程

## 再び神学校へ

三十二歳になった剛希は、八年ぶりに西南学院大学の神学部、西南聖書学院に通じる坂道を上った。この大学は、アメリカ南部バプテスト教会の宣教師によって一九一六年に創立された。キャンパスに入ると、うっそうと茂る木々や清らかな池、古めかしい二階建ての学舎といった見覚えのある景色に、剛希はしみじみと「帰って来たのだ」と感じた。同時に八年前、退学処分を言い渡された時のことを思い出した。恥ずかしさと不安で足取りが重くなったが、ここは乗り越えなければならない。剛希は思い切って学院事務所のドアをノックし、入学願書を差し出した。

剛希は学院の教授たちによる面接を受けたが、驚いたことに、八年前に退学処分を決めた時の教授会のメンバー全員がそこにいた。院長と二人のアメリカ南部バプテスト教会の宣教師、四人の神学教授。彼らはそれぞれ感慨深げに加来剛希を見つめ、優しく思いやりのある言葉をかけた。

「今度は、君一人ではないのだから、家族が一緒なのだから、責任は重大だね。」

「君の成功を祈っています。二度と失敗するなよ。」

最後に、院長が教授会の決定を告げた。「新学期が始まってもう二か月が過ぎています。君はまず聴講生として一年がんばって、来年入学試験を受けたらいいでしょう。まさに神の恵み、ちょうど家族寮が一部屋空いています。まるで君のために用意されていたように、家族全員で引っ越して来られますよ。」こんな具合にすべてが順調で、順調すぎて信じられないほどだった。夜、ぐっすり寝ているかわいいわが子の傍らで、順子と剛希は畳にひざまずき、互いの手を取り合って就寝前の祈りを捧げた。

順子は小さな声で聖書の一節を読んだ。「よく聞きなさい。それと同じように、罪人がひとりでも悔い改めるなら、悔改めを必要としない九十九人の正しい人のためにもまさる大きいよろこびが、天にあるであろう。」（ルカによる福音書一五章七節）

「お父さん、神さまは本当にあなたを愛しています。あなたが神から離れても神は離れず、あなたを待ち続けておられた。今のすべては神があなたのために備えてくださっていたんですね。」

剛希は本当にそうだと思った。こんなにも長く教会を離れ、〝主の祈り〟さえ忘れかけていた自分が、今年の入学試験を受けていたら絶対に零点だ。神はそのために、わざわざ私に一年間の復習のチャンスをくださったのだ。

翌年、剛希は果たして良い成績で入学試験に合格した。二年後には所定の修業年限で卒業した。卒業式では、卒業生を代表して学院と来賓への答辞を読んだ。愛する妻・順子は、四歳の息子・国生を連れて卒業式に出席した。無邪気な国生はお父さんが今日はすごくかっこいいと思っただけだったが、順子は感動のあまり涙を浮かべていた。

長かったこの三年間、夫婦手に手を取り、苦しみに耐え、歩んできた。順子夫人は彼の学業を支えるため、再び看護婦として病院で働き始めた。剛希も授業の空き時間にアルバイトをしなければならなかった。工事のアルバイトで地面を掘ったりセメントをこねたりした。レストランや商店のパートタイムでも働いた。順子夫人はもともと体が弱かったうえに仕事や家事、幼い子どもの世話で疲れが重なり、そこへ盲腸炎を患い、手術をしなければならなかった。だが、少し回復するとまた別の病院で働き、無理に無理を重ねていった。それだけではない。二年に進級する時に受けた健康診断で、今度は剛希が肺結核と診断されたのだ。これまで自分は人より元気で、体力もあり余っていると思っていた。それが今では肺結核を患い、感染の恐れがあるためアルバイトも辞めざるをえなくなり、収入は激減した。

やむをえず、剛希は生まれて初めて借金をした。肉体的な苦痛と精神的ストレスで、どうしたらよいのかわからなくなった。自分一人であれば、毎日一玉七円のうどんに醬油をかけて食べればよい。だが、今は妻も子どももいる。本当は自分のような者は、神のしもべにはふさわしくないのだろうか。ジャズマンになることでしか家族を養えないのであろうか。自尊心が人一倍強い剛希は進退窮まっていた。もしかしたら、まずアルバイトとしてキャバレーのバンドに戻って、ちょっとサクソフォンを吹くのもいいかもしれない。もしそれが順調にいくなら、借金も返すことができる。

剛希は福岡市の繁華街にあるキャバレーを訪ねて交渉し、バンドの代理メンバーとして雇ってもらうことになった。正式メンバーが休みの時に代わりに演奏するのだ。剛希にとっては、建築現場の力仕事よりも楽に多くの収入が得られる仕事だった。

夕方、剛希は楽器を持って時間どおりにそのキャバレーに着いた。だが、ドアを入ったとたんに違和感を覚えた。本能的に、ここのすべてに嫌悪と恐れを感じた。なにしろ神学校という神聖な場所で二年近く暮らしたのだ。キャバレー、それは決して自分のいるべき世界ではない。自分がこんな世界の住人だったとは、まったく信じられない。剛希はステージに上がることなく、楽器を持ったまま踵《きびす》を返して店を出た。

外の清々しい空気を吸った瞬間、言いようのない安堵と喜びと平安が心に満ちてきた。剛希は祈った。「主よ、あなたが私を止めてくださったに違いありません。あなたのあわれみと導きのおかげです。私は再び過ちを犯しませんでした。」

目の前にはいくつもの困難があったが、一度悔い改め救われた彼は、どんなことがあっても元の世界には戻ってはならないと、この時、強く思ったのである。

## 神とともに歩む

奇跡が起こった。次の日の朝、宣教師のジーン・クラーク先生が突然、剛希を訪ねて来た。当時、西南学院高校で聖書の授業を担当していた先生である。この時、彼は一通の分厚い封筒を剛希に手渡して言った。

「アメリカの第一バプテスト教会の教会学校の子どもたちから献金が届きました。日本で苦学している神学生のために、とのことです。私もいくら入っているか知りません。どうぞ、ここで開けてください。」

剛希が封筒を開けると、三万四千円入っていた。驚いた。それはなんと彼の借金の金額ピッタリだったのだ。言葉にならない神への畏敬の念に打たれた。クラーク先生が帰ったあと、剛希と順子は手を取り合った。「主よ、お赦しください。どうかお赦しください。」

剛希はこれ以上、言葉にならなかった。

往々にして、試練を乗り越えたあと、神は私たちのために新しい契機を与えられる。神学生・加来剛希の楽器演奏の才能は、以後、伝道の場で遺憾なく発揮された。彼が演奏する讃美歌には独特の風格があった。みんながよく知っている讃美歌も、彼が演奏するとジャズ独特のリズムと音色が溶け込み、明るく楽しく、新鮮なのだが軽薄さはなかった。評判が少しずつ広まり、奉仕の機会がますます多くなっていった。まだ神学校を卒業していないのに、特別伝道集会の音楽奉仕を兼ねた講師を依頼してくる教会もあった。あちこちの教会で奉仕すると、いくらかの謝礼もあった。貧乏神学生たちは、これを「天から降ってきたマナ」と呼んだ。

## 宮崎の教会に赴任

神学校卒業後、剛希は宮崎県の丸山町教会の牧師になった。偶然にも、かつて佐賀教会で修養生仲間だった岡秀雄君と山中良樹君が、同じ宮崎でバプテスト教会の牧師になっていた。二人はすでに八年の経験を持つ立派な牧師になっていたが、八年遅れの剛希と手を取り合って喜びを交わした。剛希は丸山町教会でもバンドを組んだ。毎週土曜日に街角や住宅地で演奏し、教会のチラシを配り、日曜の教会の礼拝に参加するよう呼びかけた。
まもなく迎えた最初のバプテスマ志願者は、音楽伝道により実った果実だった。バプテスマ式の前日、彼はモップを手に洗礼槽を掃き清めながら讃美歌を口ずさんでいた。

キリストにはかえられません
世の宝もまた富も……
キリストにはかえられません
有名な人になることも
人のほめる言葉も
この心をひきません

かつて神に逆らい、裏社会で放埓な生活をしていた自分が、今は悔い改め生まれ変わり、神のしもべとなって人の魂を救うことを仕事としている。本当に信じられないことだ。考えているうちに、剛希の目には感動の涙があふれた。その涙を拭おうともせず、讃美歌を歌いながら清掃を続けた。

翌年、息子・国生は五歳となり、かわいらしい女の子が生まれた。まもなく富山伝道所からの招聘を受けた。丸山町の教会ではアメリカ人の宣教師を手伝っていたのだが、富山伝道所では主任牧師として一人で重責を担うことになった。

## 教会での造反運動

剛希が富山の教会に赴任した一九六〇年代の半ば、時代はまさに揺れ動いていた。アメリカのヒッピー運動、中国の文化大革命――時代の潮流に乗った若者たちが、世界各地で伝統的な考えや従来の権力に対してさまざまなやり方で挑みかかり、過激な批判をぶつけ始めていた。さまざまな群衆運動が次々と起こった。学生運動や市民、労働者による社会運動、ストライキも全国に広がり、これら造反の衝撃はキリスト教会にも影響を及ぼした。

近隣の金沢教会でも、混乱と分裂活動が起こった。「造反者」たちは自分たちの「新しい観点」から聖書を解釈した。政治活動に参加することが信仰生活で最優先となり、集会中に突然、牧師や教会執事、連盟への批判を始める。一時、教会は激しい議論の場となり、通常の主日礼拝ができなくなった。

ある日曜日、礼拝の時間に造反者の一団が教会の前に立ち、礼拝を守ろうとする信徒たちと張り合うようにギターをかき鳴らし大声で労働歌を歌い始めた。金沢教会の牧師は近隣の教会や伝道所に電話で窮地に陥っていることを連絡した。剛希牧師はすぐに富山伝道所の青年たちを集め、車三台に分乗して金沢教会に駆けつけた。まもなく金沢伝道所と福井教会の牧師もそれぞれ大勢を率いて駆けつけた。四人の牧師は心を一つにして祈り、それから金沢教会の礼拝堂で四教会の合同礼拝を大人数で行った。剛希牧師がサクソフォンを持って行ったことは言うまでもない。讃美歌が始まり、剛希牧師がサクソフォンで合唱の伴奏をする。外のギターはもとより管楽器にはかなわず、造反者たちの気勢は削がれた。

数か月にわたり吹き荒れたこの造反の嵐の中、雪国の四人の牧師は力を合わせていつも祈り、互いに支え合い、そのうち嵐は次第におさまっていった。だが、その嵐で失われた教会もあった。関東学院大学の神学部も、まさにその時期に廃止された。

## 肺葉切除手術

剛希は体が丈夫で、人並み以上に元気だった。ところが一九六九年の春、ちょっと風邪を引いただけだと思ったのが、病院で検査すると、肺結核が肺の一部を切除する手術が必要なまで進行していた。人並み外れた体力のおかげで、東京の病院で行われた手術は成功し、輸血も必要なかった。肋骨も切り取ることなく、肺の右上葉部一袋が無事切除された。若かったため回復も早かった。大手術だったにもかかわらず、剛希は一か月後に退院を申し出た。せっかちな剛希は紹介状をもらってすぐに退院の手続きを済ませると、その足で喜び勇んで各駅停車の電車に乗り込み、何度も乗り換えて東京から富山に帰り着いた。

順子夫人は玄関を開けて彼を見た時、わが目を疑った。剛希は妻と息子、それに何よりかわいい三歳の娘を抱きしめると、うれしそうに言った。

「みんなに会いたくて、たまらなかったよ。」

手術前、彼の肺活量は人も羨む五千二百だったが、手術後の検査では二千三百まで落ちていた。剛希はさびしくなった。このままでは、もうサクソフォンを吹くことはできないかもしれない。これは神からの警告なのか。剛希はつらい気持ちで考え続けた。

当時、富山伝道所はまだ規模が小さく、牧師の収入も少なかった。小さな教会の牧師はアルバイトをして生計を賄っていたが、剛希の場合はホテルのカフェテラスでサクソフォン演奏のアルバイトをして家計の足しにしていた。それがもうできないのか。剛希はこれまでのことを悔い、神に懺悔して心から祈った。

「父なる神よ、あなたのしもべは人よりすぐれた賢さや霊性を持たなかったからこそ、あなたは私を憐れみ、悔い改めて生まれ変わらせ、サクソフォン牧師にしてくださいました。しかし私は傲慢で慎むことなく、神に与えられた恵みを見境なく使ってしまいました。今、あなたは、しもべからあなたのお恵みを取り上げようとしておられるのでしょうか？　そんなことになれば、私には本当に何も残りません。どうか、しもべの懺悔をお聞き届けください。」

その後、剛希は心の中で休むことなく祈り続け、同時に腹式呼吸の訓練に励んだ。そしてついに、剛希の肺活量は二千三百から四千六百まで回復した。手術から一年後、神戸での超教派伝道大会に講師兼音楽奉仕者として招かれた。キリスト教放送局ＦＥＢＣ日本でも、剛希牧師の証しとサクソフォンの讃美歌演奏のようすが放送された。

## 嬉野教会に赴任

まもなく、剛希は佐賀県の嬉野教会から招聘を受けた。佐賀県に帰るということは、つまり両親のいる場所、自分が輝く少年時代を過ごした故郷に帰るということだった。

順子夫人は寒い雪国で神経痛を患っていた。南の暖かい地方へ戻ることは、もちろん彼女の健康のためにも良い。神の恵みとあわれみに報いるため、加来剛希牧師夫妻は感謝の祈りを捧げ、嬉野教会での務めに全力を尽くす志を立てた。

三十九歳の剛希牧師が自ら車を運転し、一家四人を乗せて北から南へ、日本列島を縦断して佐賀教会へ帰る――両親と姉妹たちはこの上なく喜んで一家を迎えた。まる一日、彼らは家族水入らずでゆっくりと過ごし、翌日、四十キロメートル離れた嬉野教会へ向かった。

この嬉野教会は、剛希にとっては決して見知らぬ場所ではなかった。もともと父が、佐賀教会を拠点として活動しながら開設した四つの伝道所の一つだったのだ。高校生の頃には、よく父親に連れられて嬉野教会の礼拝にも参加していた。その頃、父は剛希のことをわきまえのない「不良少年」だと思っており、いつもこう言っていた。「私の目の届く所に置いておかねば安心できない。」

剛希にトランペットを持たせ、嬉野教会の伝道活動を手伝わせることもあった。もちろん、その時の剛希は逆らうことができず、いやいやながらついて行った。その頃の彼はまったく思いもしなかっただろう。二十年以上も後に、なんと自分がその教会の主任牧師になるとは。

嬉野町は人口およそ一万八千人、山裾に住む人々の多くは茶畑などの農業を営んでいる。町の中心の商店街には、至るところに「金瓶梅」や「夜来香」といった名前の風俗バーがひしめいている。異常に料金の高い風俗営業の浴場が四軒、ストリップ劇場が三軒、「芸者」と呼ばれる接客業の女性が二百五十人余り、それにダンスホールもある。時が流れ、町のようすも変

嬉野キリスト教会で(1971年)

わった。

剛希はため息をついた。今の嬉野の町は、まるで大人の、それも男たちの近代化された遊園地ではないか。町の中心の歴史ある神社は、より多くの客を呼び込み稼ぎを増やして家族を養えるようにと願う芸者たちの祈りの場となっていた。町の神社や寺院は、昔からの住民たちのなりわいや生活と強く結びついていた。そう遠くないところにある稲荷神社は、戦時中は戦《いくさ》の神を祀り武運長久を祈る聖地だったが、敗戦したために交通安全を祈願する神社へと「商売替え」した。自家用車の所有台数が増加するにつれて、地域経済を活性化させるほどの参拝者を集め、商業的な新興宗教となっていた。このような地域でキリスト教の福音を広めるということは、確かに大きな挑戦であった。

剛希牧師は、かつて東京の繁華街で暮らしていた。人の多い大都会で伝道できたらさぞやりがいがあるだろう、と憧れたこともあった。だが今、神は彼をこのような土地に送られた。かって銀座で過ごした放浪生活を思い出し、剛希は思った。嬉野での伝道計画には、神の特別な思いが込められているのではないか。神は私に特別な使命を与えたのだ。

祈りの中で、またあれこれ考える中で、剛希は悟った。神学校に再入学する前の八年間、神は私に、広い世界でさまざまな人を知り、彼らの苦しみを理解し、彼らの思いを十分知らしめた。それはまさに今日、彼らとの対話の接点を見つけるためだったのだ。教会は浮世離れした「聖人クラブ」になってはならない、と剛希は思っていた。さまざまな機会をつくって人々の中に入っていい行き、友達となろう。彼らに自分のことを知ってもらい、キリストの救いを知ってもらい、彼らに福音を伝えるのだ。

まず、町のすべての人に神の呼びかけを聞かせよう。剛希は教会員を集め、手作りで縦五十センチ、横七十センチの教会の広告看板を百枚作った。看板には深紅の十字架を描き、次のような言葉を記した。

「信仰、希望、愛」

「日曜日には、教会へお越しください」

こんな看板を町中のいろいろな場所に立てた。剛希は、誰もがよく知っている讃美歌を嬉野町によりふさわしい歌詞に少し変えて、教会の信徒たちと一緒に歌い、テープに録音した。毎週土曜日の午後と日曜日の朝には、教会の宣伝カーが雨風をものともせず町を回り、拡声器の大音量で繰り返しその讃美歌を流した。

街の人も
旅の人も
学生さんも、先生も、子どもたちも
教会へ！
みなさん、神のみ言葉を聞きに
神の救いを受けに
どうぞ、みなさん
中川通りの教会へ！

## 恨みからの解放

剛希牧師が嬉野教会に着任して二年目、大きな問題が突然起こった。教会の執事たちが密かに剛希牧師を辞めさせようとしていたのである。彼らは次の牧師を探し始め、「どうやら剛希牧師が嬉野を出て行くのも時間の問題のようだ」という噂が広がった。それを知った剛希は、牧師としてこれ以上ないほどつらい思いをした。こんなことになったのは、自分の伝道の理念が受け入れられなかったということだ。自分の信仰や人格も、理解され信頼されていなかったのだ。

剛希は嬉野教会の三代目の牧師である。初代は父親の加来国生牧師で、「預言者エリヤのように毅然として、温かく愛情深く、また威厳に満ちた人物」と評する人もいたほどだ。二代目は千綿一哉牧師で、嬉野教会に十数年奉職し、やはり謹厳実直な紳士だった。だが今の剛希牧師は、先輩二人とはかなり異質なスタイルだ。その伝道方法、発言や行動から服装に至るまで、「模範的な」牧師像からはかけ離れている。ことに、なかなかやめられないタバコや酒が、一部の信徒、特に優秀な執事たちには受け入れられなかった。

人には必ず弱点がある。どうしてもタバコと焼酎をやめられないと知った剛希は、再献身にあたって繰り返し祈っていた。そうして、このような習慣は信仰とは関係ないのだと確信した。神は彼に対して、完全な人間になってから献身せよと言われたことはこれまで一度もない。不完全な自分が神によって選ばれたのだ。それもまた神のみ旨に違いない、と。

丸山町教会時代に剛希が信仰に導いた人がいる。タクシーの運転手だったが、伝道所の宣教師は最初、彼がバプテスマ（洗礼）を受けることに反対した。その運転手もタバコを吸っていたからだ。だが、剛希はこう言って宣教師を説得した。「人は信仰によって救われるのです。個人の生活習慣と信仰とは別ものです。」

日本の教会では、剛希のような考え方を持つ人は多くはない。伝道のため彼が一般市民の生活に積極的に働きかけるやり方や、タバコと酒の習慣について納得できず、なじめず、許せないと思う人が、嬉野教会にもいたのだ。教会員の多くが剛希が辞して去ることを望んでいた。例えば、町の「市民合唱コンクール」に教会の聖歌隊も参加すると言った時のことだ。本来は聖堂で神に捧げるべき讃美歌「栄光は主にあれ」を歌おうと言うと、聖歌隊の指揮者はこれに大反対して、みんなの前で言い争いになってしまった。牧師を交代させようという今回の騒ぎは、信徒に大きな影響力のあるT姉妹によって起こったことがわかり、剛希は彼女を恨むようになっていた。

牧師は、毎日の黙想で聖書を読み、ひたすらに神の導きを求める。難しい境遇になればなるほど、それが何よりも大切だ。ある日、彼がつらく虚ろな気持ちで聖書のページをめくっていると、突然、神の言葉が聞こえた。「わたしの羊を飼いなさい。」

十字架に架けられ三日後に復活した主イエスは、弟子たちの前に現れた時、「わたしを愛するか」と弟子のペテロに向かって三度問い、「わたしの羊を養いなさい」と言われたのだ（ヨハネによる福音書21章17節参照）。

剛希はハッとした。今この時、まさに主は私にこの言葉をかけられた。主を愛する心をもって、主から賜った羊たちを飼いなさいと言われたのだ。そう思った瞬間、剛希はとても恥ずかしくなった。自分はT姉妹のことを主から預かった羊とは思っていなかった。彼女を愛さないばかりか、恨みさえした。一人ひとりを心から愛すること、とりわけ自分を受け入れない人、自分を理解してくれない人を愛することがなんと難しいことか、剛希はようやくわかった。

深く悔い、心を込めて祈った。「神よ、お赦しください。神が私を愛するのと同じように、私が一人ひとりを愛せるよう、どうか愛に満ちた魂をお授けください。」

祈り終えると、不思議なことに、心にたまっていた恨みがすっかり消えていた。気持ちがすっきりした。もっと謙虚になること、もっと心を込めて人を愛することを学ばなければならないと思った。世の中のあらゆることが神の手の中にあるならば、すべてを神にゆだねればよいのだ。その時には思いもしなかったが、翌日、T姉妹が大きな果物籠を持って訪ねて来た。心のこもった眼差しに涙が光っていた。

「牧師先生、どうぞお赦しください。私の思い上がりをお赦しください。」

剛希牧師と姉妹は互いに赦し合い、それぞれの考えにつて親しく話し合った。剛希牧師は、再び深い感動を覚えた。神に感謝！　神は必要な時に助け主である聖霊を送ってくださった。そして、祈りの中で私を悔い改めさせ、恨みの気持ちを消し、反省させてくださった。聖霊はまた同じ時に、T姉妹にも働いてくださったのだ。

数日後、聖歌隊の指揮者からも電話があった。彼女のクリスチャンではない友人から、市民合唱コンクールで教会の聖歌隊が歌った「栄光は主にあれ」にとても感動したと言われたという、みんなの前で争いになったことを詫びたのである。

聖書には次のような言葉がある。「きる限り謙虚で、かつ柔和であり、寛容を示し、愛をもって互に忍びあい、平和のきずなで結ばれて、聖霊による一致を守り続けるように努めなさい。」（エペソ人への手紙4章2、3節）

教会の牧師と会員たち、特に執事たちが、このように霊による一致を保つように努めることができれば、教会には神の祝福がより多くもたらされる。そして、そのような祝福によって剛希牧師夫妻は励まされ続け、働き盛りの三十九歳から初老にさしかかる五十六歳までの十八年間を、嬉野教会で務めを果たすことができたのだ。

## のぞみ幼稚園

嬉野教会への着任から四年目に、剛希牧師夫妻と教会の会員たちは教会付属の「のぞみ幼稚園」を開設した。福音を伝えるために、剛希牧師はさまざまな努力や試みを重ねた。町の行事には積極的に参加し、町の文化協会に入ってその理事も務めた、町の合唱コンクールでは審査員になり、子どもたちが嬉野小学校に入学すると、そこでも進んでPTA会長を引き受け、町長とも親しくなった。

とはいえ、田舎の小さな町での伝道は、やはり本当に大変だと感じていた。いくら親しくなっても、教会に来たことがあっても。そして教会が良いところだと思っていても、多くの人は先祖代々の宗教を捨てられない。キリスト教に改宗したら、あの世で祖先と会えなくなると思っているのだ。そのような考えを打ち破るのは簡単なことではなかった。

どうすれば、この地に教会を根づかせることができるだろうか。住民たちが教会を自分の教会だと思えるようになれば、と剛希は考えた。教会に付属の幼稚園をつくろう。小さい頃から子どもたちにキリスト教の信仰を教え、その親たちがふだんから教会へ来て福音に接する機会を設ける。これは長期的で効果のある伝道方法だ。

しかし嬉野教会は、老人と女性が多い小さな教会で、経済的に困窮していた。幼稚園を開くにも、資金もなければ設備もない。教会では反対する人も少なからずあった。だが、剛希牧師は確信していた。これが神の御心にかなうことでさえあれば、神は必ず私たちのためにすべてを備えてくださる。そして一歩を踏み出した。

驚いたことに、銀行からの借り入れや役所からの開園許可という、難しいと思われていた問題が次々と奇跡的に解決した。設備も、前に佐賀教会の幼稚園で使っていた遊具やピアノ、子ども用の椅子などを譲り受けることになった。

開園にあたり、すべての情熱を注いで剛希牧師とともに奮闘したのが、順子夫人だった。幼稚園の責任者となるためには、まず保育士資格を取る必要があった。順子は通信教育を受け、すばらしい成績で保育士資格を取得した。しかも、彼女はもともと看護師であったから、医療・衛生面での実地経験も万全だった。

教会付属の「のぞみ幼稚園」は、小さな嬉野教会を活気づけ、教会と地域をつなぐ架け橋となった。のぞみ幼稚園が開園してからは、教会でバプテスマを受ける人が明らかに増えた。その多くは幼稚園の卒園生とその親たちだった。

剛希牧師が嬉野教会で過ごした十八年間は、家庭生活もまた円満で幸せな時期だった。剛希

西日本新聞の連載コラム「感動家族」の記事に、
加来剛希牧師家族の幸せな写真が大きく載った

は太っ腹であり、また優しく繊細でもあった。家族で東京から佐賀へ戻った頃、剛希牧師と順子夫人が手をつないで買い物に行くのを見た母は羨ましそうに言った。「夫婦が手をつないで買い物に行くなんて、すてきね。私はお父さんと何十年も暮らしているけれど、そんなことは一度もなかったわ、一度もよ。」

一九七八年七月、西日本新聞の「感動家族」というコラムに、「妻の祈りで悟る」と題して加来剛希牧師一家が紹介された。記事では、剛希が家出してヤクザが経営する東京のキャバレーでジャズのバンドマスターになったいきさつに触れた上で、結婚後、順子夫人が朝に夕に涙ながらに神に祈っていたこと、夫が放浪の暮らしをやめて神のもとへ帰るように祈っていたことが感動的に描かれていた。

## 文化大革命の終焉

美酒香り、歌声飛ぶ
友よ、乾杯しよう
勝利の十月は永遠に忘れ難く
杯中の酒に幸せの涙がこぼれおつ

一九七六年十月は、本当に忘れ難い月であった。九月九日、偉大な毛沢東が逝去し、十月には江青をはじめとする「文革」の旗手たちが、堪忍袋の緒を切らした軍長老によって投獄され、「十年間の動乱」の文化大革命は終息した。やがて鄧小平が最高指導者として復帰し、新たな時代が新たなチャンスをつくった。

私はとても幸運だったといえる。一九七八年春、北京に戻ってくると「中国青年芸術院」

（略称・青芸）を受験し、合格した。それは中国中央文化部直属の「国立芸術劇院」ともいわれた。私は軍服を着て試験を受け、自作の西北部国境の要塞の詩を朗読した。また剛柔兼備のモンゴル族の舞踊を舞うと、その場の試験官たちが私を認めてくれたと感じた。祖国西北部の軍隊生活に感謝すべきだと思った。数年間、甘粛省軍区の「毛沢東思想文芸宣伝隊」の隊員として、国境近くの駐屯軍を慰問したり、モンゴル族、チベッド族などの遊牧民を慰問して上演したりしたことで、他の多くの受験者たちと差別化でき、私が持つ独特な「高原気質」の印象を与えることができた。

甘粛軍区毛沢東思想文芸宣伝隊、遊牧民の演技。
後列左から２人目が著者（27 歳）

　私は、「青芸」の前身が抗日戦争期、延安の「魯迅芸術学院」であり、劇院の正・副院長、党委員会書記は抗日戦争時の八路軍兵士であることを知っていた。公演の前後、劇団の指導者や役者たちはお互いを尊重し合い、率先して舞台装置の組み立て、取り外しや運搬を行った。私も、もちろん負けじと手伝った。初めて大道具を運ぶ時、私が一巻のズック布を持って貨物トラックに投げようとすると、車上の舞台装置管理者が言った。「これは重すぎて女性には無理だ。おい！　二人の男性来てくれ。」

彼の話が終わらないうちに、私はすぐに軽々とそのズック布を振り上げて車に載せていた。その夜から、私のうわさが楽屋に広まった。「あの新人女優は大した力持ちだ。なんと一人で舞台シートを車に載せたよ。」男優の何人かが「信じられない！」と言って私に腕相撲を挑んできたが、海軍部隊を退役した一人の男性を除いてだれも私に勝つことができなかった。

## 日本との出合い

一九七八年の夏、私は新しい演目の出演グループに配属された。演題は「君よベールを脱げ」だ。文革が終わり、改革開放をスローガンに、鄧小平政権は文化活動の面でも「対外開放、国内改革」を奨励していた。「青芸」はすぐに脚本家を日本に派遣し、日本企業と協力して行う工事の現地取材をし、早々に脚本を書き上げた。

あらすじは、日本が援助したある工事を背景に、家族の中で「保守」と「改革」の二つの考え方が衝突するという展開で、人々にベール（仮面）を脱いで現実と向き合うことを提案したものだ。私は劇中、家族のお姉さん役を演じた。この姉の役は、東京で研修を受けた整形外科医で、劇中で日本語の通訳をする場面もあった。

最初に脚本をもとに稽古した時、私たちはこれが厳粛なテーマのドラマだと思い込んでいたが、なんと劇場に入り観客を見ると、私たち役者がまじめに演じれば演じるほど、観客はますます爆笑した。

劇にこんな場面がある。こともあろうに日本人を家に招いたため、保守的な父は客間の中央に衝立《ついたて》を立てて、勝手すぎる息子や娘たちと互いの領分を侵さないことにしようと主張する。この場面を演じ、私は心を痛めて涙を流したが、観客は笑い転げたのだ。不思議に思ったが、はっと気がついて真相がわかった。脚本の主筆の一人は、有名な喜劇俳優の王景愚先生であり、彼は故意かあるいは無意識かわからないが、このドラマを質の高い喜劇に仕立て上げてくれたのだ。観客席から絶えず潮のように湧いてくる笑い声を聞いて、脚本家、監督、役者は、間違いなくとても幸せな気分になった。

私は景愚先生の芸術的技量に感服し、その人格に魅了され、彼の話がとても好きだった。毎週木曜の午後は出演グループの定期的な政治学習の時間で、私たちは彼が立ち上がって発言するのをワクワクする思いで待ち望んだものだ。そのユーモアあふれる発言で、味気ない政治学習の午後はいつも楽しい漫才大会となった。
ある時、景愚先生は上海宝山鋼鉄会社と唐山にある水利工事現場で働く日本の技術者たちを取材したことがあり、その時に見聞きしたことを紹介してくれた。

日本人技術者の仕事熱心と時間厳守の精神は世界的にも有名で、彼らの仕事の効率の良さは深く印象に残った。それに比べ、自分と自国民のゆったりしすぎるところを少し恥ずかしく思った。さらに、私たちが感動したのは、彼らの中には北京に来ると、まず盧溝橋の七七事件（盧溝橋事件）記念碑前に立ち、沈痛な面持ちで反省し、涙をポロポロと流す人がいたことだ。本当に泣いていた！　彼らはみんな若く、戦争の責任はないが、本当に思いもよらなかった。目の前で、これら日本の技術者が自発的に謝罪したことを……。

その後、日本大使館の役人も観劇に来て、日本人女性が着た和服の色が古びていたので、自発的に出演者のために美しい和服を二セット贈呈してくれ、劇場で友好的な贈呈式を行った。日本のメディアも「日本の産業界が初めて中国の舞台に上がった」と報じた。
一九七九年、大平正芳首相が中国を訪問し、四億人民元の無期限、無利子の貸付を中国と締結した。言うまでもなく、これも中国政府が戦争賠償金を放棄したことに対する対応であった。互いに報復することをやめ、歴史から学び、未来に向かって永遠に戦争をしない——これが当時の中日両国の有識者共通の願いだった。

日本大使館の手配で訪中していた大平正芳首相も、「青芸」の劇場で私たちが演じる「君よベールを脱げ」を鑑賞した。高校時代に「夕鶴」を観劇したことが始まりで私は演劇を専攻し、とりわけ隣国日本のすべてに関心があった。私はこの劇に参加でき、心の中の「夕鶴」物語を続けることができたので、とてもうれしかった。

当時、中日関係は歴史的にも良好な時期で、天皇陛下が中国を訪問し、北京には日本語学習ブームが巻き起こった。私も、ラジオ放送とテレビの講座で日本語の独学を始めた。面白かったのは、劇団の出演グループの何人もが同様に日本語を勉強していて、朝、稽古場で会うと、得意満面で互いに日本語で挨拶した。

「あら！　監督さん、ア、イ、ウ、エ、オ！」

「同志たちみんなで、ア、イ、ウ、エ、オ！」

これはラジオ放送日本語講座の教科書一冊目、第一課の五つのカタカナであった。残念なことに、年末の教科書三冊目の授業まで続けていたのは私一人だけだった。

## キリスト教青年会

一九七八年春、北京に戻ってからの私には、人には絶対言えない強い思いがあった。それは、あの甘粛省の労働改造所で密かに聴いたラジオから流れてきたキリスト教のメッセージをもう一度、聴いてみたいという願望だった。いったいどこに行けば、あの「天国からのメッセージ」を聴けるのか。文化大革命の時、宗教は徹底的に弾圧された。キリスト教も例外ではなかった。無神論の共産主義中国では、「宗教はアヘン」と見なされていた。だからキリスト教に近づくなどは「反革命分子」のやることだ。だが私の心は、まだ見ぬ真理を求めて飢え渇いていた。

幸運がやってきた。私が属していた「青芸」劇場から五百メートルほど先の米子大通りに、緑の瑠璃瓦《るりがわら》屋根のビルがそびえ立っていた。ドア上方の横木に、人目を引くような大きな字で「北京キリスト教青年会」と書かれていた。あとで知ったが、このキリスト教団体は世界的な団体でＹＭＣＡと呼ばれていた。中国には百年以上前からこの団体は組織され、北京でも共産化以前から活動していたが、新中国になってからは政府の管理下に置かれ、おもに社会福祉や教育の分野で活動を続けていた。悲劇は文化大革命の時に起こった。キリスト教会とともに

ＹＭＣＡも弾圧を受け、活動停止に追い込まれたのだ。一九七八年は、その北京ＹＭＣＡが活動を再開した年だったのである。

ある日、私は「北京晩報」（北京の夕刊紙）で「北京ＹＭＣＡ夜間英語・日本語教室学生募集」という広告を見た。チャンスだ！　始業式の夜、私はついにＹＭＣＡの扉を押して入っていった。

ＹＭＣＡで私が出会った最初のクリスチャンは日本語教師の凌《りょう》先生で、最初の牧師は夜間学校校長の李牧師である。校長室の本棚には一冊の聖書があった。言葉で表せないほどの激しい感情が心に湧き上がった。それは、十年にも及んだ文化大革命を経ても、聖書が宝物のように残っていたという感動だった。

私は校長に言った。「これは聖書ですか？　李校長、私に貸していただけませんか。必ずお返しいたします。」

李牧師はいいとも悪いとも言わず、笑いながら言った。「あなたは広く興味をお持ちですね。いろいろな書物を読みたいんですか。」

私はおかしいと思った。キリスト教の放送では牧師たちは自信を持って聖書の権威を証明し、聴衆に聖書を一冊無料進呈することを望んだが、しかし目の前の牧師は、聖書の話題に触れたがらないのだ。

幸い李牧師は貸さないとは言わなかったので、私は勝手に本棚からその聖書を取り、抱くようにして急いで部屋を出た。李牧師は私を阻止しなかった。その夜、私は聖書を枕元に置いた。それから毎晩、寝る前に聖書をひと区切りずつ読んだ。読んで理解できるような箇所もあって、私は驚嘆し深く考えた。多くの箇所は理解できず、少し読んで眠りについた。

日本語教師の凌先生は五十歳を少し過ぎていた。凌先生はいつも早くから来て講壇に立ち、私たちが教室に入るのを見守った。授業が終わると、いつも最後に教室を出た。半年後のある日、私は偶然、先生が中庭を歩いているのを見て初めて、彼が片方の足に障害があり、歩くのがとても大変なことを発見した。あの足の障害は「文革」によって傷ついたのだと思った。

凌先生の字はとても美しく、毎回の授業では自筆の日本語で、ことわざ、短歌、俳句を書いた精巧で美しいカードをたくさん持参して学生に配った。また、私たちに日本語で日記を書くことを要求し、毎回授業が終わると、先生は大声で言った。「日——記——!」

学校は年末に「新年・クリスマスの夕べ」を催し、先生は私たちに日本語の歌「赤とんぼ」や「炭坑節」、そして日本語の讃美歌「きよしこの夜」を教え、クリスマスの夕べに歌わせた。

一年後、凌先生は別のクラスを教えることになり、「君たちは卒業します」と言った。ある生徒が悲しくなって言った。「先生、私は卒業したくありません。私たちを捨てないで、私たちを追い出さないでください。」とにかく、私たちは凌先生と別れたくなかった。凌先生は、私たちの気持ちを理解して「日本語友の会」クラブを設立した。毎週日曜の夜にＹＭＣＡの大ホールで、私たちに日本の著名な推理作家・松本清張の小説『点と線』を日本語で教えた。

## クリスマス・イブ礼拝

一九八三年のクリスマスに凌先生が、二十年ぶりに崇文門の「アスリー教会堂」でクリスマス前夜の「イブ礼拝」が開催されると教えてくれた。先生は二時間前に入場しなければ席がなくなるよと言った。それは私が初めてキリスト教の会堂に入り、礼拝に参加した時となった。同行した「日本語友の会」の洪さんはその教会の会員で、彼によるとアスリー教会は百年の歴史があり、一千人を収容できる大会堂で、一九六二年から公開礼拝が禁止されたので、彼と母親たちは家で密かに家庭礼拝を続けていた。また、アスリー教会堂は文革の時、隣接の高校に占用されたが、今年、教会側が北京市政府と何度も交渉して、二か月前に教会に返還されたという。昨日の夕方まで内装工事が続き、洪さんのお母さんと信者たちは教会堂を掃除するために徹夜で仕事をしたとのことだった。

アスリー教会の会堂に入ると、牧師が講壇を配置し、聖餐式の準備をしていた。床には内装工事で落ちた石灰が残っており、教会の会員たちがホースを持って水で床の最後の掃除をしていた。長年使用していなかった給湯暖房のパイプは、お湯が入るとゴーゴーと音をたてて流れ、多くの箇所が水漏れをしていて、パイプ修理の人が検査や修理で忙しくしていた。

私は彼らに感心し、目の前で忙しくしているクリスチャンたちを羨ましく思った。抑えがたい喜びが彼らの顔に現れており、まるで勝利者のような輝きがあった。私は思わず、十七年前のあの日、一九六六年八月の出来事を思い出していた。

それは文化大革命が起こった年の八月十八日のことだった。毛主席が紅衛兵に接見した後、私は陸軍総合病院で受診することを口実に、当時属していた「軍芸」からこっそり抜け出し、帽章、襟章を取って高校生の紅衛兵たちに付き従い、宣武門カトリック教会堂に突入した。

何人かの大胆な男子生徒は、屋上に登って十字架を壊した。他の何人かは、教会堂の中や外でイエスやマリアの彫像などをすべてたたき壊した。一人の外国人修道女は地面にひざまずき、落ちたイエスの頭の彫像を抱いてむせび泣き、紅衛兵の少年たちはそれをあざ笑っていた。少年や少女たちは、教会堂内外で天地をひっくり返さんばかりの大騒ぎで捜索し、私を含めみんなが、地下室のような所から秘密のラジオ放送局、発信機などを探し出し、これら宗教の偽善者がすべて帝国主義のスパイだと証明できると憶測した。しかし、秘密のラジオ放送局は見つからず、多くの聖書、讃美歌集が積み上げられているのを見つけて、それらをすべて中庭で燃やした。

神父、修道女たちは薪の火が燃える側に立たされ、頭を下げ膝をかがめたままで暴言を浴びせられた。何人かの男子たちが歩いてきて、片方の手を腰にあて、もう一方の手に金具のついた革のベルトを握り締めていた……。

当時私も、これら宗教という「社会のかす」を排除したら、中国はとてもすばらしく、真っ赤な毛沢東思想の新しい世界になると確信していたのだ。

礼拝が始まり、聖歌隊は讃美歌を歌い始めた。彼らは真っ白な丈の長い服を着ており、ほとんどが五十歳以上に見えたが、十代、二十代の若い男女も何人かいた。みんな歌いながら感激して涙を流していた。アスリー教会には二十年ぶりに再び神を賛美する歌声が鳴り響き、なぜかわからないが私も、礼拝が終わるまでただ涙があふれて止まらなかった。

「神様は私たちを愛しているのです！」

七十歳を過ぎた老牧師が、講壇上で説教をしていた。彼の言う一言一言に説得力があった。私は感無量の面持ちでそれを聴いていた。「そうだ！　その愛こそ真実なのだ。」私は心の中でつぶやいていた。

## 中日青年交歓祭

私が「中日青年交歓祭」に参加したのは、ちょうど建国三十五周年記念日であった。私の記憶では、このような交歓祭は二回あった。一回目は一九五九年の建国十周年記念日で、私はまだ中学生で父がその年に結成した「将軍合唱団」に参加した。北京在住の百名の建国の将軍たちが、「三大紀律八項注意」「太行山の上で」「台湾解放」などの歌曲を合唱した。新聞で見たことのある合唱団も「中日青年交換祭」に参加していた。

二回目の「中日青年交歓祭」は一九六六年十月頃で、文化大革命中に周恩来総理の委託を受けて北京でも「紅衛兵合唱団」を結成し、日本の青年たちを迎えた。私の妹は合唱団結成者の一人だった。合唱団は「紅衛兵戦歌」と「私は一人の兵士」を歌った。ところが、ある人が周恩来の意向を伝えにきた。周総理は中日友好の立場で、抗日的な歌を歌わないようにということだった。確かに、「私は一人の兵士」の中に〝日本の侵略者を打ち負かした〟という歌詞がある。だが、妹たちはそれに反抗して、四部輪唱で〝日本の侵略者を打ち負かした！〟と合唱したのだ。

「中日青年交歓祭」は毛沢東、周恩来などの国家指導者が提案したもので、彼らは抗日戦争を経験して、この災難が両国の民衆の間にわだかまりと憎しみをもたらし、アジアの未来の平和と安定に深い影響を及ぼすことを十分にわかっていた。将来を見通す指導者たちの苦心は並大抵ではなく、戦争の賠償を放棄し、さらに「中日青年交歓祭」のようなイベントを開催して、憎しみを克服することを次世代にも引き継ごうとしていた。一九七二年の日中国交正常化から一九九〇年代の初めまで、日中関係は良好に発展し、特に芸能界の交流は両国の民間の相互理解を促進した。

一九七七年の夏、私たちは初めて日本の映画「サンダカン八番娼館・望郷」を観た。映画館の中ですすり泣く声が絶えなかったことを、私ははっきりと覚えている。戦時中に東南アジアに売られ、からゆきさん（娼婦）となった農家の少女サキの悲惨な運命は、観客の深い同情を誘い、映画を一緒に観た妹も私に言った。

「この映画を観て泣き、三日間、頭が痛かった……。」

中央テレビ局は「サンダカン八番娼館・望郷」をテレビで放映するか否かの討論会を開いた。多くの人は放映に強く反対した。理由は、映画の中で娼館が出てくる場面があり、未成年者に観せるのは良くないということだった。議論の結論がなかなか出ない中、司会者は最後に一通の高校生からの手紙を読んだ。

「サキおばあさんの悲惨な境遇に、この戦争が中国人民に大きな災難をもたらしただけでなく、同じように日本国民にもひどい苦痛を与えたことを痛感しました。中国と日本の国民は団結して戦争に反対し、これからも友好的な付き合いを——。」

その後、日本の芝居や映画、テレビドラマが中国で頻繁に上映され、戦後の新しい日本、近代化し繁栄している日本、戦争を反省・放棄し平和を望む日本を見せてくれた。三浦友和、山口百恵、栗原小巻、中野良子、高倉健などの日本の俳優は、中国の誰もがよく知るスターとなった。ある女性は、雑誌「中国映画」に投稿して、「どうして中国には高倉健がいないのか」と嘆いた。

戦争は残酷な悪夢だ。しかし、たとえそのような不幸の時代でも、人間性のすばらしさは変わらずに輝いて表現される。戦時中、日本政府は日本の民衆に中国東北部へ向かう「満豪開拓団」結成を奨励し、植民地政策を実施したが、予想だにしなかった突然の敗戦で、百万の老若男女が命からがら帰国を迫られることになった。戦争で混乱する中、中国大陸を放浪した日本人女性や子どもたちは数千人から一万人ほどいることが予測された。日中国交正常化後、多くの中国残留孤児は日本に帰国し、中国の養父母の慈しみを話して両国人民の心を慰めた。

一九八四年の建国記念日、私たちは三回目の「中日青年交歓祭」を迎えた。凌先生は「日本語友の会」のメンバーを引き連れ、二日間かけて大急ぎで準備し、三日目に三十数名の日本YMCAのお客さんを迎え、座を囲んでそれぞれの自己紹介をした。その中には大学生、会社員、教師などがいた。親睦会で私たちは一緒に、日本語で「赤とんぼ」を合唱した。最後はみんなで輪になって九州民謡の「炭坑節」を踊ったが、踊りの中に石炭を掘ってトロッコを押すなどの動作も入り、わかりやすく面白いので踊りはみんなの熱気で溢れた。

日本のお客さんを送ってから、「日本語友の会」メンバーはみな、たいへん興奮していた。数年間夜間学校で勉強し続けた苦労が無駄になっていなかった。日本の友人たちと直接交流でき、日本語がわからない友人に通訳をして、私はうれしかった。私もこの機会にみんなを扇動して言った。「ただ〝赤とんぼ〟を歌い、〝炭坑節〟を踊るだけでは満足できない。日本語を使って演劇の稽古をすればいいんじゃない？」

その時、私の手元にちょうど「壁に掛けられた老Bさん」の日本語脚本があった。それは日本の「劇団はぐるま座」の加納豊美さんが訳してくれたものだ。「中日青年交歓祭」の反響は大きく、しばらくして東京、神戸、大阪のYMCAとYWCAの訪中団が、相前後して北京YMCAを訪問した。彼らを歓迎する親睦会で、私たち「日本語友の会」は〝赤とんぼ〟を歌い、〝炭坑節〟を踊るだけでなく、日本語版「壁に掛けられた老Bさん」の一幕を演じた。

後に神戸YMCAの佐治菊代会長は、私に次のようなことを話した。彼らは北京に来る前に先に武漢に行き、中国YMCAとYWCA（キリスト教女子青年会）の本部を訪問した。そこには日本語の通訳がおらず、英語で交流することになり多少不便を感じた。本当に思いもよらなかったが、北京YMCAには意外にも数十人の日本語が話せる若者がいて、日本の歌が歌え、踊りも踊れるだけでなく、日本語で新劇を演じることもできてたいへん驚き、うれしく思った、と。

「壁に掛けられた老Bさん」の一幕

## 日本留学の夢

「日本語友の会」のメンバーには、ほとんど芝居の経験がなかった。王建国は新聞社の記者で、洪さん、金さん、趙さんは工場の労働者、汪洋は店員、張さんは会社員である。専門の役者ではない分、彼らの演技は緊張せず自然で、稽古場の目新しさや愉しい雰囲気もみんなの想像力をかき立てた。

面白いバンドも北京在住の日本人から興味を持たれ、時々、日本の留学生や会社員が「日本語友の会」に来てイベントに参加した。たびたび参加してくれた小林美麗さんは、私とだいたい同じ年齢で、「北京言語学院」で中国語を学んでいる時は、小林泉さん、加納豊美さんと同じクラスであった。彼女も芝居が大好きで、北京のほとんどの劇場の芝居を観ていた。「言語学院」卒業時の彼女の卒論のテーマは、「中国新劇舞台の現状」であった。

彼女は私に、卒論の修正の手伝いを依頼してきた。そのため、私の家に三日間連泊した。彼女の論文の最後の内容を覚えている。

中国の新劇の舞台は、現在、停滞した状態である。日本の新劇の舞台も十年前、映画やテレビドラマの影響を受けて、同様に停滞している状態だった。これは、日本の劇団に観客とのコミュニケーションを取ることを余儀なくさせ、そこから生き延びて新たに成長することが求められた。それに加え、国家が経営する中国の劇団と違い、日本の劇団は、自らが運営に必要な経済的負担を負った……。

小林美麗さんは、「北京言語学院」を卒業し、日本の大手建設会社・大林組の駐北京事務所で秘書の仕事に就いた。仕事をしながら「日本語友の会」の芝居の稽古にも熱心に参加した。彼女は明るく親切で、誰とでも友人になることができた。ある日、芝居の稽古が終わると、美麗さんが私を彼女の家に誘ってくれた。彼女は私に言った。

「毎回、あなたの芝居の稽古を観ていると、いつも真剣で全力投球していて、まるで有名な監督のように見える。でもその情熱の背後に、あなたの心の痛みを感じます。仕事のチャンスに恵まれず、自分の人生の方向を見いだせないでいる。私にも同様の苦い経験があります。幸いなことに、私は中国語の勉強を始めました。どうです、日本へ留学しませんか。私が援助しますから。何を勉強したいですか？　言ってください。」

私はすぐに美麗さんがまとめた卒論を思い出して、少しもためらわずに言った。

「演劇を勉強したいです。具体的に言うと、日本の劇団や劇場の管理と演出を学びたいのです。そうすれば帰国後、私は芸術劇院のための良い改革案を出せます。」

美麗さんは、続いて次のように言った。父が体が弱く世話が必要なので、自分はすぐに日本に帰らなければならない。それで、このことを小林泉さんにお願いするつもりでいる。彼女の父親、つまり「劇団はぐるま座」団長の小林宏さんに、李さんの留学手続きを支援いただくようにお願いしたいと思う。小林美麗さんは最後に言った。

「私には五十万円の預金があって、フランスを旅行するつもりでした。今はそのお金を、あなたに差し上げたいと思っています。私は旅行しなくてもかまいませんが、あなたは日本に留学すれば、きっと人生の転機となるでしょう。」

私はなんと言って美麗さんに感謝したらよいかわからず、言った。

「このお金は、私があなたから借りることにします。そのうちきっとお返しします。」

「返しても返さなくても、どちらでもかまわないです。くれぐれも、お金を返すためにアルバイトを頑張って健康を害したりしないでください。」

美麗さんは私以外にも、中国や他のアジアの国の若者を何人も日本へ留学させる援助をしていた。まもなく彼女は故郷の大阪に帰り、帰国後すぐに手紙で連絡をくれた。

「劇団はぐるま座の小林宏団長は、長年にわたり日中友好運動に尽力した方で、あなたの支援をすぐに承諾してくれました。彼はまた、劇団はぐるま座は地方の小劇団なので、東京の文学座の座長の杉村春子さんと連絡を取り、あなたが劇団はぐるま座で半年間研修を受けたあと、文学座で研修できるよう推薦文を書いてくれました。」

杉村春子さんは、誰もが知る有名な女優で、中国でも知名度がとても高かった。彼女が北京で公演した「女の一生」は、私たちにきわめて深い印象を残した。

私は、どうして日本人の友人がこうまでして目を掛け、助けてくれるのかがわからなかった。すでに四十歳を迎えたのに、日本へ行き学ぶチャンスが与えられたのだ。日本留学の夢は、私の生命のエンジンをスタートさせ、大急ぎで日本語の能力向上に努めるとともに、毎日のように芸術劇院の資料室に行き、古代ギリシャの喜劇、悲劇、元代の雑劇（中国の古典的な戯曲）、シェークスピア、モリエール、ゲーテ、イプセン、そして近代と現代の各種の脚本を借りてきて、朝から晩まで読みふけった。

# 第六章　新しい出発、そして試練

## さらば嬉野

加来剛希牧師は、佐賀県の嬉野教会に赴任中、頻繁に全国各地の伝道集会に招かれた。時には大都市の教会から牧師として招聘したいと言われ、心が動いたこともあった。ある時、そのような話で嬉野を離れるかどうか悩んでいたところ、噂を聞いた高齢の会員が数人、涙ながらに彼に訴えかけた。

「本当に行ってしまうのですか。私の葬式は加来剛希牧師にお願いしたかったのに。」

剛希牧師は情の人だ。その言葉に胸が痛んだ。都会への赴任の気持ちが即座に失せ、優しく答えた。

「私は行きませんよ。」

続けて冗談交じりに言った。

「少なくとも、あなたがたのお葬式をすませるまではね。その前に、ご自分の一番お気に入りの写真と、聖書の中で一番好きなお話と、一番好きな讃美歌を教えてくださいよ。でないと、ある日突然に告別式にでもなったら大変ですから。」

するとその老人たちは、本当に写真や聖書の書き付けなどを届けにきて、こう言った。

「これで安心しました。神様がいつおそばにお召しくださろうと用意は全部できました。」

高齢の兄弟姉妹たちの和やかで喜びに溢れた顔を見て、剛希牧師はその信仰の純粋さに深く胸を衝かれる思いがした。剛希本人もまた、嬉野に愛着があった。子どもたちに故郷を残したかったのだ。その故郷が、この嬉野であることは間違いなかった。ここは家族そろって最も長く暮らした場所であり、ゆくゆくは自分の骨も嬉野に埋めたいと思っていた。

だが一九八七年七月、父親の加来国生牧師が八十四歳で世を去り、まもなく母親も熊本教会にいる弟の加来始牧師のところへ身を寄せた。剛希牧師は、そこで突然わかったような気がした。故郷とはなんだろう。それは両親の居る場所だ。こうして父も母も佐賀からいなくなってみると、嬉野を故郷だと思う気持ちも薄れていた。息子も娘も東京の大学に進み、家は夫婦二人だけになっていた。

一九八八年、剛希が五十六歳、順子夫人が五十一歳になった年、東京の近郊、千葉県の市川教会から招聘があった。剛希の心は動いた。これまでも、人口の多い都会で伝道したいという気持ちがあった。自分も父のように、もっと多くの人を救えるかもしれない。父のように百人を超える大きな教会を建て、そこを拠点に次々と新しい伝道所を開きたい。今回神がそのチャンスを与えてくださったのかもしれない。

行くか留まるか、剛希牧師が答えを求め一心に祈っているところへ、またもや大都市伝道への願望を思いとどまらせるような話が持ち上がった。来年、天皇・皇后両陛下が全国植樹祭の開会式のため嬉野町にお越しになる、というニュースが舞い込んできたのだ。嬉野町の名はあっという間に全国に知れ渡り、地域再開発のチャンスをもたらした。スポーツグランドや公園、高速道路の建設が始まった。嬉野教会の会堂は建築後三十一年を経ていた。老朽化はもとより、周りが繁華街のため夜の集会ができないほどであった。そのため会堂の移築は、剛希牧師が長年祈り続けていたことだった。親しくしていた町長に相談してみると、町の中心にある教会の五百平方メートルの土地を売れば、新しく開発される土地を一区画買えるうえに会堂を建てられる資金も確保できるという。剛希牧師はこの話に心が躍った。広々とした土地に、青空高く十字架をかかげた新しい会堂がそびえ立っている姿が見えたような気がした。

しかし思いがけないことに、この案件は教会の執事会で賛同を得るどころか、逆に一部の執事からの猛反対に遭った。おそらくは三十一年間の旧会堂へのさまざまな思いから、この川辺の小さな土地を捨てきれないのであろう。剛希牧師は頭から冷水を浴びせられたような気がした。教会の移転計画は前任の牧師の頃にも出たことがあるが、実現できなかった。今回も話がまとまらないとすれば、あとは後任者に任せるしかないであろう。

やがて剛希牧師と順子夫人は、名残を惜しみながら嬉野教会に別れを告げ、十八年間暮らし努力を重ねた嬉野の町をあとにした。新たな使命と新たな希望を胸に出発したのだ。

## 都会の教会

一九八八年九月、剛希牧師夫妻は千葉県にある市川八幡キリスト教会に赴任した。大都会とはいえ、市川八幡キリスト教会もまた会員三十人の小さな教会で、路面電車の線路を背に駅前通りと住宅地に面していた。会堂と牧師館は嬉野教会のものより小さかったが、そこは大都市のこと、地価が高く教会の敷地も地

市川八幡キリスト教会での加来剛希・順子夫妻

方に比べて狭いためだ。朝夕のラッシュ時に押し寄せる波のような人々を見ると、剛希の胸には牧師としの使命感が激しく湧いてきた。もっと多くの魂を救わなければ、と。五十六歳は、もはや決して若くない。これまでに神が与えてくださった恵みの数々を思うと、自分が報いてきたことはあまりに少ない。最後の力を尽くして、この地で神様が喜んでくださる働きをしよう。

赴任してまもなく、剛希牧師は執事会である提案をした。電車の乗客から見えるように、裏の線路に向けて看板を立てよう。照明もつければ夜でもよく見えるだろう、と。しかし、執事たちは困ったように言った。

「ここは小さな教会で、財力にも限りがあり、そんな予算はありません。」

「看板は、照明をつけると電車の運行妨害になり、苦情を言われたり訴えられるかもしれません。」

そんな議論を目の当たりにして、剛希は内心こう思った。——実現できるかどうか、実現するためには何をすべきかを考えずに、まず無理だと思うのはどういうことか。この消極性が、ここ十数年、教会の発展を阻んできた原因かもしれない。自分にはもう、待つ時間も彼らを説得する時間もない。

剛希の胸にはある願いがあった。三か月後はクリスマスだ。これから頑張って、クリスマス礼拝に百人集めよう。クリスマスは一般市民を教会に誘う絶好の機会であり、このチャンスを逃すわけにはいかない。そこで、こう言った。

「看板を作るお金は私が出します。照明もまずつけてみて、もし鉄道会社から苦情が来たら、その時は外せばいいでしょう。」

こうして、線路に向けて看板を立て照明もつけたが、どこからも苦情は出なかった。看板の赤い十字架は人の目を引き、傍らには聖書に出てくるイエスの言葉が添えられていた。

「すべて重荷を負うて苦労している者は、わたしのもとにきなさい。あなたがたを休ませてあげよう。」（マタイによる福音書11章28節）

## 路傍伝道

剛希牧師はまた、執事会にこんな提案もした。サクソフォンを持ってみんなで駅前に行き、路傍伝道をしてはどうか。讃美歌を演奏したり福音を書いたチラシを配ったりしよう。執事たちはみな黙ったままで賛同の意を示さず、かと言って反対の理由をはっきり言うこともできないようだった。沈黙が続き、剛希はその沈黙に耐えられなかった。教会の執事たちは、多くが敬虔で善良な紳士淑女だ。もしかすると彼らは、日本の大衆芸人である「チンドン屋」を連想しているのかもしれなかった。

しかたがない。剛希牧師は最後にきっぱりこう言った。「どなたにもご賛同いただけないのでしたら、私は一人でも駅前でサクソフォンを吹いて福音のチラシを配ります。聖書に〝福音を恥としない〟とあります。これは神が私に与え給うた使命です。執事会の許可は必要ありません。」

剛希牧師は、まず警察署に道路使用申請を提出し、毎週土曜日の夕方六時半から七時までの三十分の使用許可を得た。それは駅前に人が多くなる時間帯だった。剛希牧師がサクソフォンを持って駅前にやって来ると、うれしいことに教会の青年たちがどんどん集まり、路傍伝道に加わった。最初は自分の娘と聖歌隊の女の子が一人だけで、福音のチラシを配りながらサクソフォンに合わせて讃美歌を合唱した。

やがて、一人の青年がワイヤレスマイクを持ってきてくれ、合唱がいっそう美しく響くようになった。讃美歌のメロディーは剛希の手でジャズ風にアレンジされて現代風になり、人々の注目を集めた。そのうち今度は、青年たちが教会の看板を担いでくる、のぼりを立てる、と大掛かりになった。年の暮れが近づき、寒さが厳しくなっても、毎週土曜日の駅前伝道は休まず続けた。

クリスマス前の準備の会合で、剛希牧師が百人分のお菓子を用意しようと提案すると、ある執事がためらいがちに聞いた。「牧師先生、本当に百人集まると思いますか。」長年、教会では毎週日曜日の礼拝は多くても二十人から三十人、クリスマスでも四十人を超えたことはなかった。しかし、その年は違った。礼拝の一時間前に加来牧師が青年たちを連れて駅前でクリスマスのチラシを配り、さらに二人の青年が新たな試みでサンタクロースの衣装を着て、教会の住所と電話番号を印刷したカラフルな風船を道行く子どもたちに配ったのだ。

クリスマス礼拝が始まる頃には、小さな礼拝堂は人でいっぱいになっていた。講壇の横に一人の若い女性がうれしそうに駆け寄り、小声で牧師に告げた。

「加来先生、私数えました。百一人来ています。ハレルヤ！　主に感謝します。」

剛希は感動で胸がいっぱいになった。「神様、私たちの祈りをお聞きいただきありがとうございます。あなたが私をサクソフォン牧師にされたのは、多くの人の前で大胆に神の福音を伝えるためだったのですね。」

駅前の音楽伝道は注目を集め、キリスト教界の新聞や雑誌はもとより、読売新聞やＴＢＳテレビまでが取材に来た。これまで市川教会では、新しく入る会員は年に数人いるかどうかだったが、路傍伝道を始めてから毎週日曜日には三～五人が新しく礼拝に出席するようになった。そのような新しい来会者に加来牧師は、説教の中でこのように語った。

「私たちはかつて罪を犯し、弱く、神の存在を信じていませんでした。しかし、神はそれでも私たちを愛し、神のひとり子イエスをこの世に遣わしました。イエスは人々に代わって罪を贖い、十字架にかけられ、彼を信じる人の罪が赦されて永遠の命を得られるようになさいました。神の愛を受け入れることで、私たちは罪を認め悔い改めることを知ります。神の言葉に従い自分を変えることを知ります。どのように人を愛すればよいかがわかるのです。また、そうしてこそ、人生の本当の喜びと自由を得ることができるのです。」

教会は着実に発展し、夫妻が着任してから三年目には主日礼拝の出席者が早くも八十～百人になり、厳しかった教会の財政にも余裕が出てきた。古く小さな会堂にはこれ以上の人が入れないのは明らかで、新しい会堂の建設予定が早まった。教会の全員が祈り、みんなで知恵を出し合い力を合わせると、資金や隣接地の所有権やら設計に関することやら、数々の複雑な問題がすべて奇跡のようにすんなりと解決した。みんなはいっそう励まされ、十字架がそびえる真新しい会堂が目の前に現れようとしていた。

## 嘆きの谷を通って

教会の順調な発展はライトの当たったステージの輝きのようなものだが、その背後、つまり牧師館では、人知れぬ数々の苦しみと涙があったことを誰が知っていただろう。

一九九三年五月三十一日は月曜日で、牧師の定例の休日だった。早朝、剛希牧師はゆっくり起きて、順子夫人と午後行くことになっていた牧師および牧師夫人たちと行く旅行の話をしていた。年に一度、東京東部教区の牧師夫妻たちはそろって旅行に出かけた。それは年中忙しい神のしもべたちにとって、貴重な心身休養の時間でもあった。今年の行き先は景色の美しい九十九里浜温泉で、午後一時に津田沼教会に集合して出発することになっていた。

「お父さん。」順子夫人がか細い声で剛希を呼んだ。「私、とても孤独でさびしいの。抱いてくださらない?」　順子夫人は五十歳になった頃から疲れやすく、情緒が不安定になっていた。病院では更年期の抑うつ症と診断されて何度か入院し、最近も胆石の手術を受けて二、三日前まで入院していた。今回は、医者によると「とても順調ですよ」とのことだった。

剛希は愛する妻を抱きしめ、順子の病気が癒えて自分のもとに帰ってきたこと、午後にはまた一緒に旅行に出かけられることを神に感謝した。

「ああ、お父さん、ありがとう。ずいぶんよくなったわ。」しばらくすると、順子夫人はそう言った。

剛希は妻に接吻して立ち上がり、浴室に行った。順子夫人が階段を降りる足音が聞こえたので、郵便受けの新聞を取りに行ったか、教会前に植えてある花に水をやりに行ったのだろうと思った。

しばらくして、教会の裏の踏切の警報が鳴り続けたまま、一向に止まらないことに気づいた。続けてパトカーと救急車のサイレンが遠くから近づいてきた。「まさか――」剛希はハッとして浴室の窓を開け、外を見た。すぐ近くで上野行きの赤い列車が線路に立ち往生していた。

「順子！　順子――どこにいる――」剛希は大声で妻を呼び続けた。

返事はなかった。とっさに嫌な予感が全身を走り、剛希は急いで服を着て外に出ると人を押し分けた。そして、たった今、自分の胸に抱かれていた、三十二年間一緒に暮らしてきた妻が車輪の下に横たわっているのを見た――。とどろく雷に打たれたようだった。剛希は目の前の世界が突然、遥か遠くに行ってしまったような気がした。地平線が左に、それから右に傾いた。音も色も消え失せ、周囲のすべてが朦朧として無声のモノクロ映画になったようだった。

むごすぎる――。主よ、なぜこんなことが、この私に降りかかるのでしょうか――。

剛希は絶望し、言いようのない後悔の念にかられていた。ああ、もっと順子のそばにいるべきだったのだ。もっと優しく気をつけてやるべきだったのだ。もし、もっと早く抑うつ症状に気づいていれば、もっと早く治療していれば、そうすればこんなことになっていなかったのだ――。

順子は自分の生涯で最も大切な人だ。結婚して三十二年、夫婦の愛はいつも深く心に刻まれてきた。順子は一生にわたり深く夫を愛した。夫のために、子どものために、教会のために、順子はすべてを捧げた。そうした長年の苦労が重なったからこそ、更年期抑うつ症を発症してしまった。

更年期は女性にとって人生の関所だ。夫としては当然、一緒に立ち向かうべきだが、教会の仕事は忙しく、どうしても、どちらかがおろそかになることがある。夫婦で市川教会に来てから、順子夫人は新しい環境になじめず、抑うつ症状が徐々に重くなっていった。入退院を繰り返し、病状も良くなったり悪くなったりだった。

抑うつ症は、患者本人が最もつらいものだ。時に自分の感情をコントロールしきれなくなり、発作を起こし、激しく怒りや悲しみをあらわす。そして、患者を見守る家族にとって、どうすることもできない事態に陥ることもある。

順子夫人は逝ってしまった。自分は愛する妻を守ることができなかった。強く自分を責めるだけでなく、教会の人々に会わせる顔がない。教会員たちの理解はとても得られないだろうと思った。自分は職を辞するべきかもしれない。引退して、再び牧師という聖職に就くことはできないだろう。

退くことは簡単だ。だが、本当に引退できるのか。目の前の仕事を辞めることができるのか。教会が大きく発展しているさなか、新しい会員たちには導く人が必要であり、受洗希望者には助言が必要だ。新会堂の建築は来年四月の着工が決まり、まだこれから多くの準備が必要だった。

順子夫人の告別式の席上、八十歳を過ぎた大橋武雄牧師、すなわち順子夫人の老父は、胸の思いを語った。その言葉は教会の会員たちの心に重く響き、剛希牧師がその時、必要としていた支えと励ましを与えた。大橋牧師は次のような話をした。


三十数年前、剛希が順子を連れて私の前に並んで座り、順子と結婚させてほしいと言った時、私は言いました。順子は二十歳の頃に仕事のストレスから精神病院に行ったことがある、と。その時、剛希牧師はこう言いました。『どんなに健康な人でも病気になります。私が順子さんを愛するということは、彼女のすべてを愛するということです。病気を含めて、私は当然、彼女の一生に責任を持ちます』と。ですが、父親である私にはわかっています。順子は体も心も少し弱い人間でした。この三十数年間、剛希牧師には実に大きな負担だったでしょう。

私たちクリスチャンが行うことは、すべて神をたたえるための行いです。今、このような残念なことが起こり、疑問や挫折を感じる人もあるかもしれません。しかし、このことに心動かされ、さらに前向きになる人もあると思います。ここにいらっしゃるみなさんには特に、今のこのような状況でこれまでどおり、主にあって剛希牧師のために祈り、彼の奉仕を助けてくださるようお願いいたします。

老牧師のこの話は聴く人の心を打ち、少なからぬ人々の迷いを打ち消した。剛希牧師は辞職しなかった。

まる一日、教会での奉仕を終えた夕方、剛希牧師は一人で二階の牧師館へと上がって行った。灯りの下で、狭い牧師館がだだっ広く見え、空気にはまだ順子の気配が満ちていた。部屋の隅々に三十二年間の順子の生活が刻み込まれ、何かを見るたびに思い出してはいっそう悲しみが募った。剛希はわれ知らず、牧師館の外に出た。深夜で外は静まり返っていた。突然、最終列車がごうごうと音をたてて走って行った。

星空を仰ぎ、剛希は心の底から呼びかけていた。

——順子、三十二年間、私に与えてくれた一切の喜びと温もりをありがとう。最後にそばにいてあげられなくてすまなかった。私は生涯じっとしていられないせっかちで、思いついたらすぐに行動に移す。だから、体の弱い君をいたずらに疲れさせてしまった。順子、ずいぶん疲れたろう。今、君はすべての病苦から解き放たれた。主の花園で永遠の命を思い切り楽しみなさい。君は逝ってしまった。私ひとりを残して。君は私の心に永遠に埋めるすべのない穴を遺した。この穴の空いた心のまま、それでも私はあるべき姿に向かって歩むべき道を歩み、負うべき使命を負っていかなければならない。今、君が私を見守り、祈り、私が努力を続けるよう願ってくれていることを私は知っている。私たちが天国で再会し、ともに命の冠を授かるその日まで——順子、ありがとう——。

## 幻滅の日々

一九八八年の秋、私はついに遊学のため日本へ渡った。上海を出航した「鑑真号」の船べりに寄りかかり、大海原を眺めて希望の夢を膨らませていた。

神戸港での入国審査の際、荷物の中の大量の漢方薬、薬用酒、二年間使用していなかった長穂剣は、通関審査官の疑惑を招いた。実は日本に来る前の春節以降、私は指の関節から徐々に体のすべての関節、特に両手、両膝が腫れて痛く、全身がさびた機械のように行動が不便になっていた。重いリューマチに冒されていたのだ。大量の漢方薬と薬用酒は、その病気を治すためのものだった。私は腫れて変形した両手を伸ばして、この薬が自身の健康を維持するためのものであることを説明した。また「劇団はぐるま座」の招聘状を取り出し、さらに簡単な剣舞の形を見せて、この剣は劇団の役者が使用する訓練用の道具で、殺傷力はなく凶器ではないことを説明した。審査官はそれを見ると、とても話しのわかる人で通過を許可してくれ、さらに心を込めて私に言った。「頑張ってください！」　西洋人がよく「グッド・ラック」と言うように、日本人の人に対する最も親切な祝福の言葉は「頑張ってください！」なのだ。
夢を抱いてついに来ることができた日本だったが、待っていたのは思いもかけなかった苦難だった。神戸市六甲山の麓に月一万円で借りた暗い部屋に座って、私は二日間泣き続けた。手には一通の手紙をつかんでいた。「劇団はぐるま座」の団長・小林宏さんからのその手紙にはこう書かれていた。

李さん、あなたは北京芸術劇院副院長の信頼を得ていないようですね。彼女は私に手紙でこう書いてきました。「李北利が友人の援助で個人的に日本へ留学することを私たちは干渉しません。しかし、青芸のメンバーとして文学座に出入りするならば、私たちは責任を負いません。」あなたの上司のあなたに対する評価はとても厳しく、これは疑うことのない事実ですので、私はどの劇団の研修へもあなたを紹介しにくいのです。

つまり小林宏団長は、私の「劇団はぐるま座」の招聘状を回収し、文学座やその他のいかなる劇団にも私を紹介することが不可能になったと言っているのだ。なぜ？　どうして？　私は屈辱でどうしようもなく心が痛み、絶望的になった。

日本の劇団が私を受け入れないので、半年後にビザが期限切れになり、私は何もしないで帰国するしかない。副院長は私が日本で挫折するのを見たかったのだろうか。私は芸術劇院で何も悪いことをした覚えはない。ただ、北京で副院長が決めていた演目に異を唱え、私の意見をはっきりと言ったことが副院長のプライドを傷つけ、それが今回の仕打ちの原因であることは十分に考えられた。涙を拭いて、私は小林宏団長に返事を書いた。

副院長の私に対する評価は公正ではありません。このことについては、私は何も言いたくありませんので、本日から、日本での私の生き方で、自分がどういう人間であるかを証明したいと思います。私は二日間、激しく泣きましたが、これからは二度と泣くことはありません。ご迷惑をおかけして、本当に申し訳ございませんでした。

## 神戸ＹＷＣＡ

日本の劇団は私を受け入れてくれなかった。しかし、まだチャンスはある——私は半年後にビザの期限が切れるが、この半年の間、日本で働いて可能性に賭ける決意をした。
ある日、私は一通の手紙を受け取った。北京で一度だけお会いしたことのある佐治菊代先生からのものだった。佐治先生は、神戸ＹＷＣＡの会長を務めておられ、私が訪日する旨をお知らせしたことへの返事だった。

お手紙ありがとう。二年前に北京ＹＭＣＡを訪問した時、あなたがた日本語友の会の芝居を観せていただいたことを思い出しました。その時、あなたは日本語で劇のあらすじを説明してくださった。日本に留学されたとのこと、とても喜んでいます。神戸ＹＷＣＡの日本語学校は、二十年余りの教育実績があります。私たちの学校に来てみませんか。

私は幸運だと思った。思いもかけないところから助けの手が延ばされたのだ。これも、私が北京ＹＭＣＡに入っていたからこそ開かれた道なのだ。

日本語学校入学式の日、学校はまるでミニ国連のようで、肌の色が違う留学生たちが楽しく集まっているのを見て私はうれしくなった。私のクラスメートは、中国大陸、台湾、マレーシア、フィリピン、オーストラリア、インド、イタリアから来ていた。クラスの生徒はとても活発で勉強熱心だったので、教師たちはとても驚いていた。毎回の試験ではクラスの九五パーセントが九十五点以上をとった。担任の横山恵子先生は誠実でポジティブ、毎回の授業はゲームをしているようで、時に漫才大会のように盛り上がった。

クリスマスが近づくと、先生が言った。「神戸ＹＷＣＡと神戸ＹＭＣＡの日本語学校でクリスマス親睦会を開催します。各クラスは全員立って、みんなの前で自己紹介をしてください。」

神戸 YWCA 日本語学校の教室で各国の友人たちと

台湾の李芙如さんが、歌で自己紹介したら面白いと提案すると、横山先生はすぐにそれぞれの歌詞を作ってくれた。

「私は美音です、マレーシアから来ました。恋人がいないから、ちょっと寂しい。」

「私はカイです。インドから来ました。背が低いし、目も悪いです。」

「私はフロリダです。フィリピンから来ました。サンバが大好き。さあ、踊りましょう！」

「私は神父様、イタリアから来ました。名前はダニエルです。どうぞ、よろしく。」

「私は李北利です。北京から来ました。アルバイトをしています。疲れます。」

「私は李芙如です。台北から来ました。毎日眠たい、朝寝坊です。」

クリスマス・イブに、今学期の奨学金を獲得した者の名前が発表された。

一等奨学金は一名、十八万九千円で、一学期の授業料に相当した。二等奨学金は二名、九万円余りだった。思いもよらないことだったが、私が一等奨学金を受けることになった。私のクラスは全員が成績優秀で、私が優れているわけではない。おそらく横山先生が、病気を押して奮闘している私のことを校長や他の先生に話したので、一等奨学金を授与してくださったのであろう。

私はすぐに、北京の李牧師と日本語友の会の友人に手紙を書き、このことをみんなと分かち合った。まもなく李牧師の返事を受け取った。手紙にはこう書かれていた。

授業風景。難しい日本語のテスト中（中央が著者）

あなたが奨学金を得たニュースは、一九八九年お正月の最初のうれしいニュースです。すぐにＹＭＣＡ会館に集まり、みんな一緒に天の父に感謝し賛美しました。あなたが行ったあと、凌先生の病状が悪化し、日本語友の会のみんなは病院で昼夜問わず順番に看病しましたが、十二月末、凌先生は天に召されました。今、日本語友の会には教師がいないので、みんなはあなたが帰ってくることを期待しています。その時は、ＹＭＣＡに就職してください。

李牧師の手紙は、私を感慨深くさせた。恩師凌先生に対する深い哀悼の意、友人たちへの深い恩義……。そして、帰国後に大好きな北京ＹＭＣＡで仕事をする責任を感じたこと！　そのために、私は懸命に日本語を勉強しなければならなかった。心配したのは、まもなく半年のビザの期限が来ることだった。私は劇団で研修する道が閉ざされたので、入国管理局がビザを延長してくれる可能性はなかった。

いよいよ半年が経つという時、神戸ＹＷＣＡ日本語学校の前田幹事は、私を連れて入国管理局にビザ延長手続きに行ってくださった。彼女は審査官に、私のオールＡの成績簿、奨学金証明書を提示した。その若い審査官は資料をすべてコピーし、上司と約二十分間、電話で話をした。その二十分の間、私は審査官の顔を注視しながらとても緊張していた。前田幹事は敬虔なクリスチャンで、その時はまず頭を下げて黙禱し、そして小さな声で言った。「大丈夫、安心して。」

やっと、審査官は電話を終え、私のビザ延長の手続きに取り掛かった。前田幹事に感謝し、クリスチャンの祈る力を体験した。私にとって彼女は、天使のような存在だった。

## 厳しい生活の現実

毎日放課後、神戸YWCA会館から住まいの美山荘に帰る時、またアルバイト先のスペイン料理店「カルメン」で働く時、まるで天国から突然現実に戻る思いがした。私は日本に最初に来た頃は、大阪の小林美麗さんのお宅に住まわせてもらっていた。やがて通学に便利なため、神戸のこの安アパートを探しあてた。

小林さんが神戸まで車で送ってくれた。彼女は私のために、家の倉庫から組布団や小さい食卓、鍋や茶わんなどを調達してくれた。別れる前に、小林さんは私を近くの太陽神戸銀行に連れて行き、彼女の五十万円で私名義の口座を作ってくれた。

小林さんが帰ったあと、私は自分の住む新しいすみかをよく観察した。私の部屋は二階の真ん中で狭くて暗く、窓を開けて手を伸ばすと隣の家の壁に触れることができた。だが私にとって幸運だったのは、家賃が月一万円ですんだことだった。

その日、深夜の十二時過ぎになって、ようやく美山荘の住人たちがアルバイト先から次々と帰ってきた。私の部屋の左右隣は上海からの留学生二人で、とても親切に話しかけてくれ、お菓子を持ってご近所さんに挨拶する時には手伝ってくれた。二人は私のアルバイト探しにも付き合ってくれた。なかなか仕事先が決まらない時、周建という北京から来た留学生が突然訪ねてきた。上海からの留学生・渓さんが私の窮状を話してくれたのだ。

周さんが紹介してくれたアルバイト先が、スペイン料理の店「カルメン」だった。周さんの身元引受人である大橋彦左衛門さんという人がオーナーで、元役者だったという。私の来日の目的が劇団での研修だと聞いてうれしそうだった。

私は、やっと手に入れたこのアルバイトを頑張ろうと決心した。水槽の中に山のように積まれた各種のコップと皿を見て、すぐにそれらをきれいに洗い、分類し、蒸気滅菌食器洗浄機に整然と並べた。それを見ていた大橋社長と周りのコックたちが満足していることがわかった。

だが、私はというと、自分の指、腕、ひざ、足がますます痛く、重くなっていて、結局リューマチの患者なのだということを感じていた。

しかし、私はどうしてもやり通さなければならないこともわかっていた。店の規模はそれほど大きくなかったので、夜九時過ぎには何とか退勤でき、これも幸運だと感じた。立つ時間が長くなったため、足が腫れて長靴がなかなか脱げないことに気づいた。最後には悲鳴を上げながら歯を食いしばってやっと長靴を脱いだ。幸運にも、更衣室には私一人しかいなかったため、この悲鳴は他の人には聞こえなかった。

夜遅く美山荘に帰ると、中国から持ってきた「漢方薬酒」で、腫れて痛い両手、両膝、足首をマッサージしながら計算してみた。毎日四時間働いて時給五百円。毎週だいたい三、四日働けるので、毎月二、三万円は稼げ、これで生活は支えることができる。アルバイトの日は無料で食事することができるので、これもありがたかった。

## 労働災害保険

日曜日の夜、アルバイトを終えて自転車で帰る時、坂を上がった曲がり角の交差点で力不足のため転倒し、私は吹っ飛んだ。意識がもうろうとしている時、誰かが呼んでいる声が聞こえた。「おばさん！　おばさん！　大丈夫ですか。」目を開けると、知らない若い人が眼の前にいた。私は気持ちを落ち着かせ、手と足がまだ動くことを感じてゆっくりと座り直し、彼に言っ

「ええ、大丈夫です。」ついでに髪をちょっとかきあげて手のひらを見ると、意外にも血がいっぱい付いていた。頭に傷を負ったのだろうか。本当に驚き、ポカンとしていた。

　その若者はこの状態を見て、急いで付近の家のドアをたたいた。その家から一人のおばあさんが出てくると、若者はおばあさんに電話を借りて救急車を呼びたいと言った。三分経つと、救急車がサイレンを鳴らして急行し、白い服、白いヘルメット、白い長靴をはいた二人の救急救命士が素早く走ってきて、まず手に持っていた白い薬箱の中から何枚ものガーゼを取り出して薬をつけ、私の頭をしっかり覆うと、私を支えて救急車に乗せた。そのおばあさんは親切に言ってくれた。「あなたの自転車は家で預かりますから、安心して。」

　救急車がすぐに私を病院の救急処置室に運ぶと、幸いにも医師が、傷は深くないと言った。三十分後、医師は私の頭の傷口を縫い合わせた。

　その時、処置室のドアが開いた。本当に驚いた。そこに神戸ＹＷＣＡ日本語学校の校長の柏原淳江先生とそのご主人がいたのだ。彼らの手を握って思わず涙がこぼれた。

　柏原先生は医師と話したあと、私に病院の観察室で一夜過ごすように勧め、「頭はとても重要ですから」と言った。私は日本の入院費が高いことを知っていた。そのお金がないので、どうしても家に帰りたかった。

柏原先生は言った。「あなたは一人住まいで、万一夜中に何かあったら、私たちと連絡ができませんから、やはり一晩入院して、ようすを見るほうがいいです。私たちも安心できます。」彼女はまた、紙に「保険」という漢字二字を書いて、私にお金のことを心配しないように、学校は留学生全員のために医療保険に加入していますと言った。

私は病院の観察室で一夜を明かした。翌日の朝、YWCAの前田幹事が私の退院のために迎えに来てくださった。今回の費用は三万円余りだったが、私は千円だけ払えばよかった。あとでわかったが、アルバイトをしていた料理店の「カルメン」も、従業員全員のために「労働災害保険」に加入していたので、仕事場だけでなく、通勤途中でも不慮の事故が発生したら保険が適用されるとのことだった。資本主義の日本で、こんなに完備した「労働災害保険」制度がある——そのことに私はショックを受けた。

## 神戸中華教会

YWCA日本語学校は、よく各種の講演会を催した。ある時、私は講演会で北京YMCAのこと、凌先生と私たちの日本語友の会の活動のことを紹介した。講演会が終わると、先輩の顧《こ》小燕《しょうえん》さんが私に聞いてきた。「楊《よう》牧師をご存知ですか？　日曜日はどこの教会に行って礼拝されますか。」

小燕さんは上海から来ていて、彼女の祖父は上海の有名な牧師だった。信仰を貫いたため刑務所で二十数年を過ごし、今は九十歳だが、なお上海のある大きな教会で牧会している。彼女の父親は漢方医で、神戸の診療所に勤務している。小燕さんは、次の日曜日に私を連れて神戸中華教会へ礼拝に行った。

牧師は日本語で説教し、そばに一人の兄弟が立っていて中国語に通訳していた。「賛美詩集」を開くと、曲譜の下に中国語、日本語、英語の三種類の歌詞が付いていた。日本に来て半年が経ち、初めて中国語で説教する礼拝に参加して心が温まり、家に帰ったような気持ちになった。礼拝が終わると牧師は講壇を降り、まっすぐ私の前にやって来て言った。

「ここをあなたの家と思って、なにか困ったことがあったら、私に相談してください。」

小燕さんが教えてくれた。彼は神戸中華教会の楊影奮牧師だった。楊牧師の親切な言葉に、私は感動した。

次の日曜日の朝、目を覚ますと全身の関節がだるく、痛みも強く、どうしても起き上がれなかった。アルバイトをしている料理店は土曜の夜、お客さんが普段より数倍も増え、翌日の午前一時に店を閉めることができたならいいほうだった。

私がやっとのことで起き上がり、慌ただしく教会へと礼拝堂の石段を上がった時、参会者が歌う「父、み子、み霊の」の賛美が聞こえてきた。これは礼拝の終わりに歌う讃美歌だった。私は一分間だけ礼拝に参加したが、何とか牧師が最後に祝禱を捧げるのに間に合い、心の中でほっとした。来週の日曜日には必ず早く来ようと決心した。

次の日曜日、私は頑張って再び教会に行ったが、やはり遅刻した。聖書と讃美歌集を持ち礼拝堂に入ると、楊牧師が説教していて、いつも遅刻して本当に恥ずかしく、後ろのほうに座り他の人に迷惑をかけないようにした。だが、楊牧師は演壇から、私がまた教会に来たことを歓迎し、前に座るようにと励ましてくれた。なぜかわからないが、私はまた温かい家に帰ったような気持ちになり、特に牧師の導きでお祈りする時、それを強く感じた。

私は神様の御前にいる。神様は私たちの祈りを聞き入れ、その穏やかで温かみのある大きな手で私の背中をなでてくれた。深く感動しながら家に帰ると、北京の李牧師に手紙を書き、私がこの中華教会の礼拝に参加していることを報告した。

李牧師からはすぐに返事が来た。彼はたいへん喜んで、自身の名刺を一枚同封してきて、楊牧師に手渡すようにと、名刺の裏に次のように書いてくれた。

「牧師先生、李姉妹は私どもの教会の熱心なボランティアでした。どうかよろしくお願いします。彼女が何か困ることがありましたら、できるだけご支援をお願いいたします。感謝申し上げます。」

しばらくして小燕さんが、教会の聖歌隊へ参加するようにと誘ってくれた。私は新しい友人と知り合いになった。台湾から来た黄兄弟は神戸大学の法律学博士課程で勉強し、奥さんの小峰姉妹は声楽を専門に勉強していた。米国から来たケイメンズ宣教師は、パイプオルガンがとても上手だった。

私はリューマチを患ってから体が弱くなり、発声力がなく、自信がなくなって五線譜もよく読めず、北京の教会の聖歌隊ではいつも小さな声で歌っていた。

ケンメイズ宣教師と小峰姉妹が聖歌隊を指導し、中国語、日本語、英語で多くの讃美歌を歌い、本当にすばらしかった。

私は徐々に感じるようになった。自分の歌声が回復し、魂がよみがえり、体調も驚くほど回復していることを――。これは、すべて神様の憐れみと恵みだとわかっていた。

今、神戸中華教会という、神様の大家族の一員になれた私は本当に幸運だ。私は教会の前に掲げられているイエス様の言葉が大好きだった。「すべて重荷を負うて苦労している者は、わたしのもとにきなさい。あなたがたを休ませてあげよう。」（マタイによる福音書11章28節）

## 天安門事件

一九八九年六月四日、夜にアルバイトを終えて帰宅し、家のテレビをつけて私は驚き、呆然とした。北京の天安門広場で、中国人民解放軍の兵士が民主化運動を起こした学生たちと衝突し、戦車が広場に入っていた。

以前から私は次のように考えていた。キリスト教と共産主義の価値観はとてもよく似ている。人類最高の理想は「自由、平等、博愛」である。考え方と方法論には大きな差があるが、キリスト教と共産主義のこの世を救う理念と目標は同じようだ。私はよく、自分を「キリスト教共産主義者」と吹聴した。

しかし、目の前のテレビの画面が映し出す天安門事件は、私を完全に失望させた。私たちが究極の真理であり、神聖であると見なした共産主義の理想とプロレタリア独裁の理論は、厳しい現実に打ち砕かれたのだ。

その夜、私はほとんど一睡もできなかった。真理と正義はいったいどこにあるのか？　人生の価値はどこにあるのか？　翌日、茫然とした面持ちで教会に行き、楊牧師に言った。

「牧師先生、私はすぐにバプテスマを受けたいのです。今はどこへ行くべきか、本当にわかりません。ただイエス様の愛の中にこそ、真理があると思います。」

楊牧師は私に言った。「そうですね。イエスは言われました。『わたしは道であり、真理であり、命である。』李姉妹がバプテスマを受けることについて、まず私たちは心を静めて祈り、神様の御旨を求めましょう。」

次の日曜日、私は他の三人の兄弟姉妹とともにバプテスマを受けた。楊牧師は私たちに言った。「バプテスマは卒業式ではなく、入学式です。合格するクリスチャンになれるかどうか、罪を悔い改め、新たに生まれ変わることができるかどうかは一生涯の宿題です。世界の終わりの日に、私たちは再臨の救い主イエス様を前にして採点されるのです。」

バプテスマを受けてから私は、将来北京ＹＭＣＡで奉仕する機会を以前にも増して大事に思うようになったが、今は日本語を学びながら真剣に聖書を勉強し、さらには日本語の聖書を読めるようにしなければと思った。そして私は、教会の日曜日の聖書研究会に参加するようになった。顧小燕さんのお父さんの顧医師は私と同じクラスだった。

ある日の放課後、私は彼に頼んだ。

「顧先生、先生の友人に日本のクリスチャンがいらしたら紹介してもらえないでしょうか。私は日本語で聖書を勉強したいのです。」

顧先生は牧師家庭の出身で、自然に私に問い返してきた。

「聖書を深く研究したければ、どうして神学校に入らないのですか？　牧師先生と相談してみたら。」

その時、ちょうど楊牧師がそばを通りかかったので、顧先生は牧師を呼び止めて言った。

「楊先生、李姉妹は神学校に入りたいそうですよ。」

楊牧師は向きを変え、喜んで言った。

「本当ですか？　主に感謝します！　私はずっと、中国大陸から来た留学生が神学校に入ってくれることを祈っていました。こうしましょう。李姉妹、明日の朝、私はあなたを連れて神学校の校長先生に相談に行きます。」

しばらくの間、私はどうしたらよいのかわからなかった。私はまだ、自分が神学校に入ることをまったく考えておらず、これは顧先生の提案であることを説明したかった。しかし、楊牧師が心の底から喜ぶ顔を見て、敬愛する楊牧師を失望させたくはなかった。思えばやはり、北京ＹＭＣＡの李牧師が私を推薦したので、彼は私を信頼して、私の信仰の度合いを過大評価していた。茫然とした中で、私は楊牧師の提案にうなずいていた。

神学校に入る！　私はこれまで、そんな大それたことを考えたこともなかった。私は、神学校の学生は半分人間で、残りの半分はほとんど神様のようであり、北京の李牧師や目の前の楊牧師のような人で、いずれも神聖かつ純潔であり、博学であるような人だと思っていた。しかし私は百パーセントの俗人で、しかも病人で、博学でも神聖かつ純潔でもなかった。信仰といえば、まだ始めたばかりで、聖書は真剣に読んだことがなく、祈りも十分にできていない。私のような人間も神学校に入れるのだろうか？

私はかつて熱狂的な共産主義者であった。共産主義は最も科学的で最もすばらしく、人類の理想と思っていた。第二次世界大戦後、共産圏は世界の三分の一、人口の三分の二まで発展したことがあった。しかし、マルクスの「共産党宣言」から百四十年後、ほとんどの国がそれを葬り去った。

だが、歴史のあるキリスト教を見ると、これほど非科学的で不合理なものであるにもかかわらず、二千年以上経っても依然として世界各地で発展し、多くの人を救っている……。その中には私も含まれている。これはどういうことなのか？　これに対して私は、そうであることは知っているが、なぜそうなのかはわかっていない。このことをよく知りたければ、神学校に入るよりほかにない……。

## 神が開かれたドア

一九八九年九月、私は神戸YWCA日本語学校を卒業して、神戸改革派神学校に入学するつもりだった。十数年前、楊牧師もこの神学校を卒業した。楊牧師は私を牧田吉和校長に推薦してくれ、私がここで二年間、勉強することを望んだ。牧田校長自ら私を連れて神戸入国管理局に行き、ビザ延長手続きの申請をしてくださった。だが、この神学校は「宗教法人」で「学校法人」ではなかったので、留学生募集に制限があり、延長ビザは下りなかった。とても残念だと思った。

その時、私の留学ビザは三か月しか残っていなかった。美山荘の友人が「アルバイトを探して朝から晩まで三か月働き、稼いだお金を持ち帰るほうがいいですよ」と勧めた。その友人の話は筋が通っていると思った。計算してみたら、日本でアルバイトして一か月稼いだお金は、中国での一年間の収入に相当した。

ところが、適当なアルバイトは見つからなかった。やむなく私はこう考えた。神学校で三か月聴講し、帰国後、神学を独学する基礎を築けないだろうかと。

私は再び神学校に行き、牧田校長に三か月聴講する許可を願い出た。牧田校長は私の向学心に感動し、その三か月は彼自ら教鞭をとり、他の教授にも協力を依頼すると言ってくれた。

私はそれを聞いて、とても恥ずかしくなった。私はアルバイトが見つからないので、しかたなく聴講することを思いついたからだ。しかし今思うと、神様が私を憐れんで、アルバイトをしてお金を稼ぐ望みをかなえないようにしたのかもしれない。そうでなければ、私は別の人生を歩んでいただろう。

ちょうどよく、神学校には他に二人の聴講生がいた。長井兄弟は二十七歳で、彼の話によると、高校卒業後米国に行き、そこで麻薬を吸い始め、そして麻薬を売買した。彼の写真は警察署の記録に載せられた。その時、彼はある女性と出会った。女性はクリスチャンで、アメリカ籍の日本人だった。女性の両親は長井さんを教会に誘った。まもなくして彼は神の前に悔い改め、生まれ変わった。今はアルバイトをしながら聴講している。彼が好きになったその女性は、現在の彼の美しい奥さん、緑さんだ。

もう一人は六十歳の佐藤さんで、これまで高校の英語教師をしていたが、最近定年退職した。神学校に入って第二の人生を切り開くつもりだ。この二人は来年四月に正式に入学する。

私はまもなく帰国して、北京ＹＭＣＡに就職するつもりだ。今は私たち三人一緒に勉強できて、とても楽しかった。残念なのは、私がビザ問題のために、彼らと一緒に来年四月、正式に入学できないことだった。

牧田校長は私たち三人を指導してくださり、まず聖書六十六巻の重要な内容を熟知させ、「小教理問答」の百七項を暗唱させた。たとえば、

「問い・人生の主な目的は何ですか？」

「答え・人生の主な目的は神様の栄光をあらわす、神様に喜ばれる……」

十月、秋になると私たち三人は机をキャンパスの緑の木陰に運び、一緒に聖書を読み、ともに祈り、いろいろ質問しながら研究した。緑夫人はいつも親切に緑茶とビスケットを持ってきてくれた。

## 聖和大学への道

十二月に入り、クリスマスが過ぎて、私は帰国する準備をした。ある日、午後の授業がないので神戸YWCA日本語学校に行き、柏原校長と先生がたに別れを告げた。ところが、柏原校長は言った。「急いで帰国する必要はないと思います。私の母校の聖和大学にキリスト教教育学科があります。そこを受験してみませんか。」試験は来週の日曜日に行われ、留学生の試験内容は日本語、英語、そして面接があるという。

思いもかけないチャンスが巡ってきた。私にとって大学に行くことなど夢の世界である。だが現実に戻ってみると、英語がほとんどできない私にとって〝不可能〟の文字しかない。牧田校長と佐藤さんは、とても残念がった。ところが長井さんは頭の回転が早く、一言も言わず、何やら英語の短文をメモして私に言った。

「まだ一週間ある。李姉妹はこの短文を暗唱して、試験の時、答案用紙に書けば学校側は理解を示してくれるかもしれない。受験日には、私たちもあなたのために心を一つにして祈ります。人間にはできないことがありますが、神様にはできないことはありません。神様の御旨に従えば、神様は必ずあなたのためにドアを開いてくれます。」

私は長井さんの信念に感動して、翌日の朝、病院に行って健康診断を受け、夕方に健康診断書、入学願書、牧師の推薦状などをそろえて郵便局に行くと、一足遅かった。ちょうど郵便局は五時で営業を終えていた。その日は申し込み期限の最終日だった。私のやきもきしたようすを見て、郵便局の職員はドアに鍵をかけながら言った。「入学願書でしょう。早く神戸市の本局へ行きなさい。本局だけ六時まで営業していますよ。」

四十分後、私は自転車で郵便局の本局に着くと、息を弾ませて入学願書などすべての書類の郵送手続きを済ませた。家に帰ると、長井さんが書いてくれた英語の短文を暗唱するのに没頭した。

一週間後の試験場で、まったくわからない英語の答案用紙の裏面に、こう英語で書いた。

MY NAME IS Li, I COME FROM CHINA, EXCUSE ME I DON'T KNOW ENGLISH. BECAUSE ....I WILL WORK AT YMCA OF BEIJING SO ……

（私は李と申します。中国から来ました。申し訳ありません。私は英語ができません。中学、高校で私が勉強したのはロシア語です。実際は、学校が英語の科目を設けていないため、私は選ぶことができませんでした。将来、北京ＹＭＣＡで働くために聖和大学に出願しました。聖和大学に入学できましたら、私は一生懸命に英語を勉強します。）

楊牧師の友人の一人に聖和大学の英語の教授がいた。その教授から、楊牧師に連絡が入った。信じられないことだが、私が聖和大学に特別に入学が許されたという。どうしてそんなことが？

教授が説明したところはこうだ。李北利さんは、入学試験の日本語の成績は良かったが、英語は零点だった。教務課はすでに不合格を決定していた。答案用紙はキリスト教教育学科に戻された。ところが学科の先生たちが、あの答案用紙の裏に書いた英語の短文を読んで教授会に提出し、特別に入学させることを提案したというのだ。

会議ではいろいろな議論があったが、最後に松永晋一学長が話した。「面接した時、その受験生の顔を見て、彼女は信仰を持つ人だと思いました。どうかみなさん、信仰の力を信じてみましょう。賛成する人は手を挙げてください。」ほとんどの教授が手を挙げた。私は中国から来た特別受験生として入学が許されたのだ。

まるで夢を見ているような面持ちで、私は聖和大学のキリスト教教育学科の教室に入った。クラスメートのほとんどが二十歳くらいのかわいいお嬢さんや青年たちだったが、私より十歳余り年上の俵澄子さんがいた。私たち二人は自然と最も仲が良い友達になった。

彼女の話によると、戦時中家の暮らしが困難なために、彼女は中学しか卒業していなかった。今は五十七歳になって、子どもたちはすべて独立し、成人の夜間学校で高校の卒業試験に合格し、ついに大学入学の夢を叶えた。彼女は二十四歳の時から教会の日曜学校で子どもたちに聖書のお話をし、キリスト教教育の豊富な実践経験を持っていた。彼女の字はきれいで、ノートはとてもきちんと整っていた。授業の時、私はいつも彼女の横の席に座って受講しながら、彼女のノートを見た。こんな時、中国と日本が同じ漢字圏であることに感謝した。先生の講義内容がわからない時には、彼女のノートを見てだいたい理解できるようになった。

私のもう一方の側に座っていたのが、天使のようにかわいい顔をした十八歳の原紗子さんだ。幼い頃に小児麻痺を患ったため、四肢の行動が不便で、指の変形の程度は私よりずっと厳しかった。私たち三人は、クラスの中でも少し特殊な学生であったようで、授業がよく聞けるように、並んで一列目の真ん中に座った。この時、原紗子さんは親指と人差し指の付け根に鉛筆を挟んで、頭をうつ向けにして一所懸命にノートをとり、汗で髪の毛が額に張り付いていた。

私は図書館が大好きだった。一日のうちで最も幸せな時間は、図書館で資料を読み漁っている時で、この上なく楽しいひとときだった。目の前にはもう一つの知らない世界が広がっていた。

私はキリスト教の思想体系を調べ、自分がよく知っている共産主義の思想体系と比較して、その中の共通点と相違点を探っては、そうだったのかと深く考えるようになった。

私が一番印象に残ったのは『世界宗教』という画集で、文章、画像ともに豊富だった。その中に世界地図があって、さまざまな色と図で世界の各大宗教の発祥地、現在分布している地域と教祖の誕生日などがイラスト入りで示されていた。

私が驚いたのは、共産主義思想とマルクスの誕生日もそこにあったことだ。そのうえメッカ巡礼、ガンジス川の沐浴、エルサレム巡礼などの宗教活動の写真の中に、毛沢東が天安門広場で紅衛兵を接見している写真が並んでいた。

私は思った。マルクス主義は宗教ではない。当時の進歩的な人道主義の社会思想である。だが、人間には宗教本能ともいうべきものがあって、どうしても社会思想でさえも普遍的な神聖化が行われる。これも歴史が残した教訓と言える。

共産主義の理想はすばらしい。だが、それを実行できるのは、聖人のような存在以外には不可能なのだ。聖書が示すように、人間は生まれつき不完全で罪人である。罪人が理想的世界をつくり出すことなどできないのだ。

今では人間の知恵は、大きくは天体の宇宙から小さくはミクロの世界まで探求することができるが、人間自身の罪の研究と解決については、資本主義社会、社会主義社会を問わず無力である。人間が罪の問題を解決したければ、神の前に来て悔い改め、罪を認めることしかない。

こうして私は、アルバイトをしながら大学に通い、体は疲れていたが毎日向学心だけは旺盛で、充実した日々を送ることができた。

## 沖縄修学旅行

私たちのクラス担任の西垣先生は学校の宗教主事で、毎年の夏休みに学生を引率して修学旅行を実施した。大学一年の時には、私たち四十数名の学生は四国の大島・青松園ハンセン病療養所に行き奉仕した。

三年の夏休み前に、西垣先生は沖縄への修学旅行を計画した。そのため「沖縄の戦い」という記録映画を上映した。私はその映画を半分ほど観て気がふさいだ。……上映が終わった。宗教委員の吉田知恵さんが、ドアの側に座って「鑑賞後のアンケート」を回収し、微笑みを絶やさず、みんなに言った。「ありがとうございます。ご協力ありがとうございます。」

突然、「パン！」という音がした。私が、腹が立ってイライラしたようすでアンケートを彼女の前のテーブルに投げたのだ。吉田さんは呆然とした。私も一瞬、自分の態度をひどいと思った。彼女に当たることはなかった。

私はアンケートに遠慮せずに書いた。「沖縄は第二次大戦中、日本唯一の戦場です。でも、このような戦場は中国には数えきれないほどあり、私は南京大虐殺を連想せずにはいられません。映画では米軍兵は殺人鬼として描写され、日本人は完全に被害者となっていますが、このような惨劇の歴史的根拠と侵略戦争を始めた責任には、一言も触れていません。」

　私が学校の宗教委員会が開催する各種イベントに積極的に参加していたため、吉田さんは、誠実に私に聞いた。

「李姉妹、今度、私たちと一緒に沖縄に行きませんか。」

「行きません！　旅費だけで六万円です。このお金があったら、私は一回中国へ帰ります。」私はかなり強い口調で言った。

　翌日、私は廊下で西垣先生に会った。彼は親切に声をかけてくれて、私に一緒に沖縄に行くよう勧めた。私はさらに言った。「私はあの戦争をあまり振り返りたくないのです。悲惨すぎて、思い出すと義憤が胸に満ちてくるのを避けられません。」

　西垣先生は、落ち着いて私に言った。「沖縄の文化はとても特色があって、中国や東南アジア各国の文化の影響をとても受けています。沖縄の悲惨な状況は、その当時の身をもって体験した人たちが私たちのために報告をします。このような体験は、私たち将来教育に携わる者にとって得難いものです。」

　先生はまた言った。「往復の旅費は私が払いますから、生活費だけを持っていけばいいです。」

## 戦争の悲惨さ

那覇空港を出ると風情ある熱帯の景色が見えた。空を仰ぐと、青空がどこまでも遠く広がっていた。車で宿泊する旅館に行く途中に、金網をめぐらせた米軍基地が目に入った。耳障りなゴーゴーという音とともに、大型戦闘機が頭上をサアーッと通過した。

翌日、私たちは数か所の「最後の戦場」と言われる洞窟を見学した。沖縄本島にはたくさんの自然にできた岩の洞窟があり、小規模なのは数十人、数百人、大規模になると二千人近くが入ることができて、戦時防空壕として使われた。

一九四五年三月からの沖縄戦、皇軍の十万の兵力は、上陸した十八万の米軍との九十日間の戦いで苦戦を強いられ、最後に沖縄本島の南部地域まで後退し、地元の人と一緒に洞窟に隠れた。

真っ暗な洞窟の中に入ると、私は自然と、中国の抗日戦争時の地下道戦を思い出した。深くため息をついた。日本軍が中国でせん滅作戦を実行する時、中国の民衆、老若男女は地下道に隠れ、日本兵は地下道入り口で機関銃を掃射し、水を入れ、火をつけ、毒ガスをまいた。侵略戦争の発動者たちは、最後に中国の庶民を同じ悲惨な目に追いやったのだ。

平和祈念資料館を見学した時、私は見れば見るほど我慢ができなくなった。当時、洞窟の中で起きたさまざまな惨劇は、私を呆然とさせた。私はすべての細胞が悲しみに浸っているように感じ、できるだけ自分が冷静になるように努めた。自分が感情を抑えきれず、声を出し号泣することを恐れた。ざっと半分まで見て足早に記念館を出て、陽光が輝く晴れた空の下に来ると、まるで悪夢から覚めたようで、振り返ることができなかった。背後にあったのは生々しいこの世の地獄だった。沖縄戦では二十万人が命を落とした。そのうち米軍が一万二千三百人、日本軍が八万人余り、一般市民は十万人近くいた。沖縄県の四人に一人が命を落としたことになる。

午後、旅館の会議ホールで、沖縄キリスト教短期大学の宗教部長・金城重明教授が私たちにお話をしてくれた。教授は洞窟の中での集団自決の惨劇体験者であり、次のように話した。

あれは一九四五年三月二十八日、私たち一家は二百人余りの人と一緒に慶良間諸島渡嘉敷島の洞窟に隠れた。戦争が始まってから、私たちは大日本帝国国民であることを誇りに思い、敗戦することは思いもよらなかった。軍部はこの時も、依然として私たちに〝一億総玉砕〟の皇民精神を注ぎ込み、私たちを洞窟の中に封じ込め、上陸した米軍に対し、集団自決をすることを強いた。それは、肉親が敵からの侮辱や虐待を受けないため、鬼畜の米兵に対する憎しみを表すため、大日本帝国の天皇陛下に尽くすためだった。

数日前に、軍は私たちの家に手りゅう弾を一個ずつ配った。最期の時がやって来て、私の一家はしっかりと固まって手りゅう弾を爆発させた。何回かの爆発で、穴の中の幾人かが死傷したが、配られた多くの手りゅう弾は不発だった。

両親は先に子どもを殺した。夫は先に妻を殺した。兄は弟と妹を殺した。私と兄の二人は自分を生み育ててくれた母に手を伸ばした。二人とも大声で泣き叫び、はらわたがちぎれるほど悲しんだ……。

私は一方でメモをしながら、もう一方の手にハンカチを持ち、ひっきりなしに涙を拭いた。私の側に座っていた原紗子さんも、夢中でメモをして、顔中に涙と汗を流していた。

金城教授の報告が終わって、質問と座談の時間になった。顔を上げて、私はとても困惑した。周囲の何人かのクラスメートは意外にも、何のこだわりもなく冷静で、数百年前の古い物語を聞いたかのようで、さらにはうとうとと眠気を催している人もいた。ちょうど夏の昼食のあとだったので、確かに眠りやすい時間だったが……。

私は手を挙げた。立ち上がると涙にむせんでしばらく声が出ず、最後に何とか一言を発した。

「私は一つ質問したいのですが、同席の日本人の若い方たち、みなさんは金城教授の報告に対して何か感想はありませんか？」私の声は大きくはなかったが、その重い問いかけに、うとうとと眠気を催していた雰囲気は打ち破られ、会場がシーンとなった。

宗教委員の吉田知恵さんは、北海道にある教会の牧師の娘で、彼女は涙にむせびながら言った。「私の卒論のテーマは〝戦争と平和〟です。しかし、私たち日本人の若者は、戦争の真相に対して理解したり考えたりすることが少なすぎます。」

さっきまで居眠りをしていた男の子も反省したのか、「僕は、これはずっと昔のことだと思っていました」と口を開いた。次々と若者たちが発言した。

「私たちの歴史教科書は、できるだけ戦争の罪悪の記述を避けようとしています。」

「戦争の悲惨な真相が風化し、忘れ去られようとしています。これは危険です。」

原紗子さんの発言は、とても印象に残った。彼女も戦争に関する論文に着手していた。彼女は言った。「ドイツと日本は同じ侵略戦争を発動した国ですが、ドイツの指導者は真剣に犯した罪を認め、神に赦しを求め、賠償し、被害国の国民の赦しを得て、世界は敬意を表しました。一九七〇年、ドイツ連邦共和国のブラント首相は、ポーランドのユダヤ人犠牲者記念碑前でひざまずき、ゲルマン民族は世界の歴史の前に自らの罪を明らかにしました。ドイツはキリスト教文化の国です。これは罪を認める文化で、罪を悔い改めて新しい命をいただくことは、神様が人間に施した恵みであることを信じています。日本の文化は恥の文化で、威信とメンツのため常に罪悪の事実を否定しようとし、今なお軍国主義時代の威風を懐かしむ人もいて、次世代の人たちに高揚する愛国心を育てたいと思っています。歴史の教訓を忘れることはとても危険です。」

私は原さんの発言に感動して、再び手を挙げて発言した。「普通の兵士を含む多くの日本国民は、軍国主義の戦争の被害者です。」すると、金城教授が私の話をさえぎって言った。「いいや、日本人はまず加害者です。私は沖縄に修学旅行に来た若者によく報告をさせてもらいますが、中国の留学生から出されたこのような鋭い問題を討論するのは初めてです。」

西垣先生は最後にまとめて言った。「韓国の留学生だったら、きっと李さんよりもっと鋭い質問を出すはずです。あの戦争に対し、最も認識を持つのは、アジアの被害者の国民です。戦争に対して認識が不足しているのは私たち日本の若者です。」

私は西垣教授の発言に深く感動した。彼が私のために旅費を支払ってまで、私が沖縄に来ら

西宮市の聖和大学キリスト教教育学科の卒業時、ともに学んだ同期生たちと（1994年。左から6番目が著者）

れるようにしてくれたのは、日本の若者にアジアの被害国の国民の声を直接聞かせるためだったのだ。

## 神戸に別れを告げて

一九九四年春、私はついに大学を卒業した。卒業式が催された日の翌日、思いかけず電話のベルが続けざまに鳴った。まず教会の友人、次にアルバイトをしていたスペイン料理店の社長……。みな、その日の神戸新聞の朝刊に俵澄子さんと私を紹介した文章が掲載されているのを見て、電話をかけてきたのだ。

私は飛び起きると、すぐ三ノ宮駅前に行き、神戸新聞を買い求めた。

その記事の見出しは「中国の元女優と金沢の62歳の主婦、手を携えて卒業式に出席」とあり、文末には私たち二人が卒業証書を持った大きな写真が載っていた。六十二歳の俵澄子さんは、聖和大学の歴史上最高齢の卒業生だった。卒業式の時に、新任の学長・西垣先生は来賓たちに、俵澄子さんと私のことを特別に紹介してくれた。

私に関して西垣先生は、「入学する時はまったく英語ができませんでしたが、ずっと優秀な成績で卒業されました」と紹介してくれた。

考えてみれば、入学試験の英語が零点だった私が、四年間で六科目の英語のカリキュラムに挑戦し、その難関をなんとかクリアできたのだ。これはほんの一例で、大学四年間のすべての試験で実力以上の力を発揮することができた。そこに神様の導きを感じないわけにはいかなかった。

すべての試験で、私はほとんど毎回のように、神様がともにおられることを経験していた。毎回の試験前にお祈りに専念し、試験が終わったあとも、心から感謝し賛美することが習慣になっていた。そして、無神論者だった私に、今度は神の愛を人々に伝えるという輝かしい未来が準備されていたのである。

聖和大学を卒業後、私は中国に帰国して、北京ＹＭＣＡに就職するつもりだった。ところが、中国のキリスト教会を取り巻く事情が大きく変わっていたのだ。一九八九年の天安門事件のあと、国内のキリスト教三自愛国運動委員会は公に明文規定を出した。この委員会が派遣し帰国する神学留学生以外はいっさい受け入れない。要するに、私のような自費で外国に学んだ神学卒業生が北京ＹＭＣＡに勤めることはあり得なかった。三自愛国運動委員会とは中国政府を支持する教会の聖職者たちが加盟する組織で、政府の指導を受け、外国の宣教団体とは関係を断ち、自立・自養・自伝をスローガンにしていた。中国ＹＭＣＡもその傘下に加わらざるをえなかったのである。

李牧師が私の将来について心配してくれた。日本に残り、本格的に聖書の勉強をしてはどうかという提案だった。そこで私は、李牧師が推薦してくれた関西学院大学の神学部を受験することになった。この大学は聖和大学とは姉妹校である。両大学ともアメリカの宣教師ランバス一族が創立者で、多くの教授が二つの大学で教鞭をとっていた。

試験場に入る前、私は真剣に準備し祈ったが、試験後、私は間違ったと感じた。これまでの試験は実力以上に発揮できたが、今回は多くの間違いをしてしまった。私は疑った。神様は私のもとを去って行かれたのか？

日曜日に教会に行き、私は恥ずかしくて楊牧師に言った。「本当に申し訳ありません、私は不合格でした。」

その時、楊牧師は一枚のはがきを私に渡して言った。

「私は東京キリスト教学園の学生募集要項をもらいました。その中の共立基督教研究所で神学修士課程を専攻できます。そこは福音主義信仰の神学校です。神様の御心は、あなたをそこへ連れて行くようです。関西学院大学の神学部は有名ですが、そこで教える自由主義神学の思想は、私はあまり賛成しません。」

あとでその学生募集要項を読むと、受験生資格の欄に「福音主義信仰」が強調されていた。私は楊牧師が言った「福音主義」と「自由主義」の違いについて知りたかった。

各種の辞書や資料を読んで、私はだいたい理解した。自由主義神学は聖書の十全霊感と権威性を否定、人間の罪性を否定、人間の自由・自律性を強調、楽観的な歴史の理解、倫理と社会実践を強調。

それに対し福音主義神学は、聖書を神の言葉として、その絶対的権威を強調、人間の全的堕落と罪性を強調、イエス・キリストの十字架での身代わりの贖罪、神の恵みのみによる救い、聖霊が導く純潔な信仰生活を強調していた。

双方が対立する焦点はまとめられた。人間および人間の理性を中心とするか、神のみ旨・聖書信仰を中心とするか――私は決めた。私の受験する論文のテーマとして「近代福音主義とローザンヌ誓約」を選定した。そして、この論文を書くと同時に、私は意識していた。無神論者であった私は、「自由主義神学」の信仰に傾きやすかった。このため神様は、わざわざ私が「福音主義」の神学校に入るように導かれたのだ。主に感謝せずにはおれない。

まるで天国の入口に立ったよう。東京キリスト教学園礼拝堂前（1994年）

# 第七章　あなたの敵を愛せよ

## 共立基督教研究所

授業が始まった。私のクラスメート十二人中、六名が現職の牧師だった。

これらの優秀な聖職者たちと同じクラスで、大いに有益なはずであった。しかし一方で、私はたびたび五里霧中の状態に陥った。彼らが熱心に何を議論しているのかさっぱりわからず、大きな挫折感を味わった。とりわけ困ったのは、ある必修科目の教科書と必読の参考書がすべて英語の原書であったことだ。

クラスメートは優秀すぎて、私はいつも、ウサギと競争している一匹のカメのようだと感じた。そのうえ、これら賢明なウサギたちは決しておごり高ぶらず、昼間に居眠りをするなどもってのほかだった。幸い彼らはみな私を助けてくれて、いつもいろいろな新しい資料を紹介したり、私の論文の文法の誤りを直たりしてくれた。

クラスで一番の年配だった六十歳の石川正夫さんは、近くの教会で牧師をしていた。彼はよく放課後に、英語の原書の教科書を日本語で説明してくださり、また私が帰ってノートを整理できるように録音もしてくれた。彼は笑って私を励ましてくれた。「カメでもいいし、ウサギでもいいが、最後はみんなゴールしますよ。頑張って！　カメの李さん。」

放課後、学校の寮に戻ると、家族寮二階の私の部屋にはベランダ、台所、バスルーム、書斎がそろっていて、神戸の美山荘のかびの生えたような環境とは段違いに快適だったが、家賃は三万五千円だった。後悔したのは、家具や家電をすべて置いてきたことだった。仕方なく私は、商店で一番安い組み立て式のベッドと本棚などを買った。店から届いたのは、ひと山の金属製の組み立て家具の部品だった。夜、私は組み立て説明書を見ながらねじ回しを持ち、苦労して組み立てた。

リューマチの病人である私は、すべての家具を組み立てると腕がキリキリと痛み、それは一週間続いた。この時、私は預金通帳の残高が一万円しか残っていないことに気がついた。

この貴重な紙幣を持ち、学園近くの小さなマーケットに買い物に行くと、偶然、向かい側の和食居酒屋に「アルバイト急募」のチラシが貼ってあるのを見つけた。私はうれしくなって、電話番号を書き写し電話をかけた。

「私は中国の留学生で、アルバイトしたいのですが。」

「経験がありますか。」

「神戸で、スペイン料理や中華料理の店で働いたことがあります。」

店長の面接を受けると、毎週四、五日、午後五時から十時まで働き、時給は八百円だった。計算すると、毎月七、八万円稼ぐことができ、経済的な問題はほぼ解決できた。私は神様に感謝した。その夜、家族寮の夫人たちの祈り会に出席し、みんなにそのことを話した。

翌日の午後、研究所の山口先生が出し抜けに、私に厳しく言った。

「あなたは居酒屋でアルバイトをするそうですが、駄目です！　居酒屋は酒を飲んでけんかばかりする人が行く場所で、神学生の霊的成長にさしさわりがあります。女子神学生の夜間アルバイトを禁止します。夏休みに学院は三人を雇って除草機でキャンパスの草を刈り取りますから、あなたは早く申し込んでください。」

山口先生は研究所の大学院生の生活管理を担当している。そのほかに、研究所の外国人の大学院生のための「神学日本語」という特別科目を教えている。受講しているのは私と米国人留学生のブライアンさんだけだった。授業の前後に、親切な山口先生は私とブライアンさんの生活状況をよく聞いてくださるので、私の経済や健康の面の困難もよくご存じである。

しかし、今回の山口先生の話に、私はちょっと困惑していた。なぜ、居酒屋でアルバイトしたら霊的成長に悪いと思われるのか？　夕方、寮長の奥さんの塚田さんがにこにこしながら訪ねてきた。彼女は入るといきなり、除草をする作業に早く申し込みをしたらいいですよ、と勧めた。私はすぐにわかった。祈り会の時、私のアルバイトのことを聞いた彼女は、心配のあまり山口先生に報告したのだと。だが、私は納得できなかった。

「除草の仕事は夏休みの間だけです。そのうえ夏休みは仕事することができないのです。いくつかの論文を図書館で仕上げなければならないのです。また、私はリューマチを患っていて、指、腕の関節が腫れて変形しているのを見てください。首に重い除草機をかけて働くのは無理です。」

彼女は、それを聞いても、軽く笑いながら問い返した。「そんな状態で、居酒屋でおおきいどんぶりのラーメンを運ぶことはできるの？　どうしても居酒屋でアルバイトをしたいんですね。」

私は、アルバイトなんかしたくない。朝から晩まで図書館で本を読んでいたい！　そう叫びたい気持ちを抑えながら言った。「はい、はい。明日の朝、申し込んで除草をします。いいですね？　ご迷惑をかけてしまって申し訳ありませんでした。」

塚田さんは安心したように言った。「それが正しいのです。昼間、除草の仕事をすれば、夜は勉強できますよ。」そう言うと塚田さんは、プレゼントだと言って、封筒を私の手に置いた。開けてみると一万円札が入っていた。素直に受け取ればいいものを、その時の私は変なプライドから虚勢をはって言った。

「いらないです。私は難民ではありません。私は自分で働き、自分で養うことができます。」

塚田さんは、わけがわからないというふうに封筒を持ち帰った。私は突然、心身ともに疲れと孤独を感じた。四年間の大学を卒業し、ついにマラソンを走り終えたと思ったら、また休みなく前進し続けなければならない。……そんな精神状態の中でも、私は忘れていなかった。明日は「神学英語」の授業があり、私は先生に名指しされて、英語原書の神学文献を朗読して訳す必要があった。私は泣きながら「英和大辞典」をめくった。

## 居酒屋で働く

週末、私は家賃や水道・電気代の請求書を見ながら、約束どおりその居酒屋に行くことにした。とりあえず何日かアルバイトをして、そこが「酒を飲んでけんかばかりしている」ところなのかを確かめたかった。

近くに飲食店が少ないため、この店は結構繁盛していて、夜のお客さんは大部分が近所の農家の人々だった。一日の畑仕事を終えて風呂に入ったあと、店に来てゆっくり酒を飲んでおしゃべりをしていた。そのうえ最近開発が始まった都市なので、多くの現場労働者が作業着のまま来て、食事しながら少し酒を飲んで一日の疲れを癒していた。近くの団地の住民も家族そろってこの居酒屋に来て食事をした。終日働いたお母さんをひと休みさせるためだった。

私と一緒にホールをやっている二人の女性は、百合子さんと千鶴子さんだった。彼女たちは大都会の人とはちょっと違っていて、中国人のように年齢とか家族の状況を聞いてきた。私も率直に何でも話した。私たちはすぐに友達になった。

翌日、千鶴子さんは非番だったが、早くやって来た。ご主人を連れて店で食事をするために来たのだ。彼女は私を呼んで言った。

「こちらは私の夫です。私が店に中国人留学生が来たことを教えたら、彼は今日、わざわざあなたを見に来たの。」彼女のご主人が妻の隣で座って見せたその素朴な笑顔は、とても印象的だった。閉店後、みんなで食事する時、店長はよく私に聞いた。一番好きな食べ物は何？一番嫌いな食べ物は？などなど。偶然、私がお客さんにピザを運ぶ時、「わあ！おいしそう！」と言ったため、店長は特別にもう一枚ピザを焼いて、私に持ち帰らせてくれた。

いったいどういうことなのか？　この店では私はとても気楽でいられたが、学園に戻ると劣等感を持ったカメの心境になった。――そうだ、やはり私は聖霊に満ちた福音主義天国にふさわしくないのだ。わりと世俗的な場所になじみやすい者なのかもしれない。

アルバイトを終わり、私は少し困惑しながら自転車に乗って学園に向かった。途中、二十四時間営業のコンビニでパンを買おうと入ると、思いがけず、学園で学んでいる全福圭夫妻に会った。全さんは神学校三年生の韓国人留学生で、家族寮の私の部屋の階下に住んでいた。彼ら夫妻はこの店でアルバイトをしていて、ちょうど退勤の時間だった。

自転車を押しながら、彼らと一緒に学園へ歩いて帰る途中、話題がアルバイトのことに及んだ。私は耐え切れずに、寮長の奥さんとのトラブルを話した。私の不平不満を聞きながら全さんは突然、「ハッ、ハッ」と大声で笑い出した。

私は怒って言った。

「私は死ぬほどつらかったのに、なんでそんなに笑うのですか。」

「笑わないで、泣くのですか？　泣いても問題は少しも解決しないですよ。」

全さんは続けて言った。

「世の中のことは、ほとんど笑って終わりにすることができます。あなたもにこにこ笑って彼女に言うのです。私のためにこんなに良い作業を探してくださってありがとうございます。ただ、少し自分の体力が心配なので、この仕事に不適任で、かえって他人に面倒をかけるかもしれません。もしよければ、私に付き添って一緒に申し込み、首に重い電動除草機を掛けて三時間だけやってみましょう。もし、あなたが任に堪えられれば私もできると思います……と笑って交流することをマスターしてください。泣いて角つき合わせないで。」

私は言った。

「私も最初はゆっくりと話をしようと思ったけど……もういいです。私はやっとわかってきました。学園は天国ではありません。私は幻想を捨てて戦闘を準備し、地獄のような試練を受ける準備をしなければなりません。」

全福圭さんは、また笑った。

「学園はもちろん天国ではありません。私たちクリスチャンは、しょせん神様から赦された罪人の群れです。時には一般人よりも意思の疎通ができず、自分は選ばれた存在と思うゆえ、お互いを批難しやすいのです。天国はどこにありますか？　天国は実は私たちの心の中にあるのです。私たちが本当に神様とともに歩み、隣人を自身のように愛することができれば、です。」

「理屈はわかっていますが、実行するのはなかなかつらくてできないものです。」

「つらいことですよ。さっき、地獄のような試練を受けることを準備し、と言いましたでしょう。おめでとう！　神様は李さんを選び、大いに用いられるため試練を与えたと思いませんか。見てごらんなさい。車も、飛行機も、細部に至るまで試験を繰り返してから、命の重荷を任せられるではないですか。」

家族寮に帰ってくると、全さんの奥さんが私を誘ってくれた。「家に上がりませんか。いっしょにお茶を飲みましょう。」彼女は、私が泣いているのを見て言った。これから何か困ったことがあったら家に来て話し、一緒にお茶を飲みましょう。一人で腹を立てたりしないようにと勧めてくれた。

そばで聞いていた全さんが、聖書を開いて読んだ。

「こうして、あなたがたの信仰はためされて、火で精錬されても朽ちる外はない金よりも遙かに尊いことが明らかにされ、イエス・キリストの現れるとき、さんびと栄光とほまれとに変るであろう。」（ペテロの第一の手紙1章7節）

ニンジン茶を飲みながら雑談が続き、全さんは自分のことを語った。除草するような重労働は自分にもできない。ずっと腰痛を患っていて、今は腰に厚いナイロンの腰当てをしている。でも、いくら痛くても、我慢して長い時間座って卒論を書かなければならないし、アルバイトもしなければならない。奥さんは今、妊娠四か月だが、一緒にアルバイトを続けている……。

見たところ全福圭夫婦は私よりずっと苦労しているが、とても楽観的で、これまでいやになったことはないようだった。きっと天国が彼らの心の中にあるためだと思った。お茶を飲み終わると、私たち三人は互いに手を取りお祈りして、私の心に平安が訪れた。確かに天国は私たちの心の中にある！

## 赦しの喜び

全さん夫婦との温かな交わりに感動し、二階の自分の部屋に戻ると、神戸中華教会の楊牧師から留守電が入っていた。

「李姉妹、平安！　あなたの研究所の山口先生からお電話があって、あなたは学園でよく頑張って勉学しているが、生活には問題があると言われました。今月から私は、毎月三万五千円をあなたに郵送します。神様がともにあることを感謝しましょう。」

楊牧師の懐かしい声を耳にし、何とも言えない気持ちになって、受話器を持ちながら涙が流れた。大学の四年間、楊牧師と教会の長老の黄ママは毎月、自分の収入からお金を出して私を援助してくれた。思えば私はバプテスマを受けたばかりで欠点だらけだった。しかし楊牧師は私をいやがらず、非難することもなかった。根気よく私のために祈り、できる限りチャンスをつくって私を勉学に向かわせ、成長させてくださった。

今、楊牧師の留守番電話の伝言を聞き、いろいろと思い出した。私はすでに神戸から離れていたが、楊牧師は依然として私の面倒をみていてくださったのだ。先生はきっと思いもしなかっただろう。傲慢な私が一歩前進しては二歩後退し、今は少々試練に遭うと恨みと憤りで胸をいっぱいにし、人を妬み、人を罵倒して、さらに中国に帰ってしまいたいと後悔していることを……。

なぜかわからないが、この時、かつて楊先生が説教の中で何度も引用された聖書の言葉が、頭の中にはっきりと浮かんだ。

「『神を愛している』と言いながら兄弟を憎む者は、偽り者である。現に見ている兄弟を愛さない者は、目に見えない神を愛することはできない。」（ヨハネの第一の手紙4章20節）

私は確信した。この時、神様は聖霊の光によって私を照らし、神様の御言葉が私自身の愚かさと偽りを意識させたのだと。長い間、私はずっと恨みの中を歩み、暗黒を歩んでいる。神様がすでに私に与えられた豊かな愛を思い返してみると、私はとても恥ずかしくなった。もし遅すぎないのであれば、すぐに塚田さんの奥さんに電話をして言いたかった。「すみません。私は、ずっとあなたを恨んでいた。私を赦してください。」

翌日、私は塚田さんの奥さんに電話をかけてお詫びをした。そして二人が会った時、彼女はとても喜んで私と握手し、ともに祈ってくれた。

私たちは物事に対してそれぞれ自分の見方を持っているが、互いに理解し合い、認め合い、愛し合うべきなのだ。私には他人に完全無欠さを求める資格などない。私自身がまったく完ぺきではないからだ。

とても不思議なことに、私の心から恨みが消え、とても気楽になった。長い時間、私はずっと他人が私をいじめていると思い込んでいたが、実は自分自身が自分をいじめていたのだ。

## 中国伝道の祈禱会

二学年目からは、私は自分を憐れんで劣等感を抱くようなことがなくなった。誰でも自分を理解してほしいと願うが、それならまず自分から心を開いて相手を理解し、受け入れ、尊重することが大事だ。

新学期が始まると、私は自ら進んで火曜日の朝早く、有志の生徒が行っていた「中国福音伝道早天祈禱会」の責任者になることを申し出た。申請は許可され、学院全体で二十名余りの学生から祈禱会参加の申し込みがあった。

その中には、中国旅行を利用して大陸にある家の教会に聖書を運ぶ働きに参加している人も

中国福音伝道早天祈禱会の兄弟姉妹たち
（1995年クリスマス祝会にて）

いた。長い間、海外に門戸を閉ざしていた共産国中国が、一九七八年に日本からの旅行者を受け入れるようになって以来、「聖書を届けてください」との家の教会の叫びに応え、行動を起こしたのだ。

彼らは休暇を利用してアルバイトをし、旅費を調達すると、「いのちの水・計画」という宣教団体の中国ツアーに参加した。

その頃、中国の税関規制は厳しく、せっかく持って行った中国語聖書を税関で止められることもあった。

早天祈禱会では、おのずと「通関経験」が話し合われた。

「中国の入国審査官と絶対に目を合わせちゃだめよ。クリスチャンは正直だから、隠しごとができない。視線を合わせたら必ず差し押さえられるわ。」

「ある時、持っていた聖書が見つかってしまい、没収されたの。中国の公安に向かって何か言いたいと思ったけど、中国語がわからないし、何と言ったらよいか……。」

そこで私は、祈禱会開始の十分前に「緊急時の中国語伝道用語」の学習を始めた。

もし公安警察に捕まっても、中国語で彼らに一言、「イエスはあなたを愛しています！」と言ってください。別れる時には一言、「イエスを信じ、永遠の命が与えられますように！」「神の祝福がありますように！」と彼らを祝福してください。

かつて私が紅衛兵だった頃、北京のキリスト教会を仲間の紅衛兵とともに襲撃し、そこにあった聖書や讃美歌をことごとく燃やしてしまったことがあった。あの文化大革命の時代、このような教会に対する迫害は中国全土であったのだ。

その結果、中国のクリスチャンが持っていた聖書のほとんどは燃やされ、十年以上にわたって中国のクリスチャンは聖書のない信仰生活を送ってきた。

そして中国の門戸が開かれた時、海外の多くのクリスチャンが中国語の聖書や信仰書を届ける奉仕に参加した。日本では「いのちの水・計画」が一九八二年からそれを始め、家の教会を訪れるツアーは今も続いている。

かつて中国を侵略した日本という国のクリスチャンが、今は人々の魂を救う聖書を中国の人々に届けている――そのことに私は、真の和解の働きがあるのだと感動した。

## 敗戦五十周年

一九九五年八月はちょうど日本の敗戦五十周年で、学園では神学校校長の下川友也先生、キリスト教倫理の油井義昭先生をはじめとする数名の教員や数十人の学生が、「戦争および植民地統治罪責反省会議」の活動を自発的に組織し、中国福音伝道早天祈禱会の本馬さん、森田さんはそれぞれ会長、副会長としての責任を担った。彼らは、昼休みの時間を利用して学園の食堂で、教科書の中には出てこない、これまで侵略戦争で日本が犯した罪を学習し、日本の現在の国家体制における精神思想、天皇制、神道、沖縄基地、海外企業の経営などの問題を討論した。

私と韓国の留学生たちは会議に招かれ、テーマについて発言した。その後、彼らは学習・討論した内容を集め、「戦後五十年を覚えて」という資料集にして数百部を印刷し、学園すべての教職員、学生に配った。本馬会長はその序文で次のように書いている。

最後に、今、学園にいるところの韓国や中国の留学生の兄弟姉妹に話したい。私たちは、戦争中、あなたの同国人を殺りくしました。それればかりか、そのような事実を知らず、主の御前に悔い改めることもせず、今まで歩んできたことも告白します。主よ、どうか、私たちの犯してきた罪をお赦しください。そして、アジア諸国の兄弟姉妹、私たちの犯してきた罪をお赦しください。

そして文章は、次の聖書の言葉で結ばれていた。

「平和をつくり出す人たちは、さいわいである、彼らは神の子と呼ばれるであろう。……あなたがたは、地の塩である。……あなたがたは、世の光である。……そのように、あなたがたの光を人々の前に輝かし、そして、人々があなたがたのよいおこないを見て、天にいますあなたがたの父をあがめるようにしなさい。」（マタイによる福音書5章9、13、14、16節）

私は、学園にこんなに真摯な教員や学生たちがいることを誇りに思った。日本にはこのように真実を求める若い人がいる。私は、日本人が偉大な民族であるといっそう確信した。

私は、この敗戦五十周年の有意義な集会に出て感激にひたる一方で、前の年にある伝道所での祈禱会で起こった出来事について思い返していた。

それは一九九四年の五月のことであった。学園の近くに、元韓国の退役軍人で今は伝道者として奉仕している趙成禄牧師の伝道所があった。この伝道所で水曜日の夜、留学生やアジアの国々に重荷を持つ学園の生徒たち十人ほどが集まって、聖書を学び神に祈りを捧げていた。聖書朗読は日本語、韓国語、中国語、英語の四か国語でなされ、いつもは温かい雰囲気の中で会は進んだ。だが、その夜は違った。

祈禱会後の食事の席でみな、なごやかに談笑していた。その場に沖縄出身の石垣兄弟がいたこともあり、話題は沖縄旅行の話になった。

米国籍の伊藤姉妹が言った。「私、最近沖縄旅行をしたんだけど、島や砂浜のある海水浴場が本当に景色がよく心地よかった。でも、米軍基地と比較して一般市民の建物は少し古く見えたけど。」

私も続けた。「そうですね。私も美しい沖縄に行きましたが、鉄条網の後ろの米軍基地を見て、複雑な気持ちになりました。」

「どうして?」伊藤姉妹は突然、理解できないように私に問い返した。

「自分の国に外国の軍事基地があることを正常なことと思いますか。私は日本が自国を守る能力がないとは信じがたいです。」

私のこの言葉が、伊藤姉妹をひどく怒らせるとは思いもよらなかった。

彼女は言った。「日本の歴史の勉強をしてください。あなたがた中国は本当に恐ろしい。お腹もいっぱいにできないのに、どうして原子爆弾を造ったりするのですか。」

この言葉は私を激怒させた。「なぜ？　南京大虐殺で三十万人が殺され五十年が過ぎたばかりですが、身をもって体験した人がまだ健在しています。百年来、中国は受け身の立場で、アヘン戦争、八国連合軍の北京進撃という屈辱を十分に体験しました。あなたがた日本とアメリカも含まれます。いったい誰が恐ろしいことをしているのですか。逆に〝恐ろしい〟帽子を中国にかぶせて、あなたがたこそ中国の近代史を勉強してください！」

私は声を荒げ、義憤に満ちて涙ながらに訴えた。伊藤姉妹ともう一人の婦人が、笑いながら言った。「あなた、何を言っているのか、さっぱりわからない。」

しかし、趙先生は笑わなかった。かつて一人の韓国軍の軍人として、近代史において祖国が受けた侵略と凌辱に対する義憤の気持ちを、きっと彼も経験しているだろう。だが、彼は重々しい表情で私をたしなめた。

「韓国は数十年の植民地の歴史があり、中国よりもっと悲惨だが、私たちは原爆を製造していません。」

私は反論した。「あなたがたは、米国の核の傘の下にいます。再び戦争が起こったら誰が守ってくれますか。私たちは貧しい国です。食べることも十分ではありません。しかし、自分の力で自分を守らなければならないのです。私たちは誰に対しても、核を使用させたりしたくありません。何よりも面倒を起こさないでほしい。私たちは再び脅かされたり、虐殺されたりしたくはないのです。」

伊藤姉妹が言った。「米国の基地がなければ沖縄の人たちの生活の手立てがなく、就職することも難しいのでは……」

「沖縄の人は勤勉で、知恵もあるでしょう。旅行業や熱帯果物の加工業を発展させることもできるはずです。」

私は少しも譲らなかった。

激しい論戦は夜の十一時まで続き、趙先生は急いで集会の終了を言い渡した。

駐車場で伊藤姉妹は、意図的に明るい声で私を呼んで「李さん、お休みなさい」。私も負けずに大きな声で「お休みなさい。また、来週」と返した。心の中は相手に対する敵意に満ちていたが、表面は優しい信仰者のふりをした。

来日してから政治問題で学友と激しく論じ合ったのは、この夜が初めてであった。私は、自分がこれほど日本、アメリカ、韓国の人を相手に激論を戦わすとは思いもよらなかった。

学園の寮に戻ると、非常に気分が悪く、その日の激論を思い返して恨みつらみで胸が張り裂けそうになった。「そりが合わなければ言うだけ無駄」とふてくさり、もう伝道所に行くのはやめようと、三日間、寮で寝込んでしまった。

三日後、図書館に行った。昼の閉館時に帰り支度をしていると、本馬くんが私の机にやってきた。「李姉妹、最近、体の具合が良くないんじゃないの？」

本馬くんは、私が三日間休んだことを気に掛けていたのだ。図書館を出た二人は、生活エリアに通ずる並木道を歩いていた。私は気が収まらないまま、祈禱会で激論を交わした次第を話した。本間兄弟は黙って私の話を聞いていた。

別れ道に来た時、本馬くんはカバンを置いて、両手を胸の前で合わせると私に言った。

「李姉妹、一緒にお祈りしましょうか。……天にましますわれらの父よ、私たちにひとり子の救い主イエスをお遣わしいただき感謝いたします。全人類の罪、過ちを赦すために私たちの身代わりに十字架の上で罰を受け、ご自分を犠牲にして死を受け入れられました。願わくは、あなたが私たちを赦すように、私たちに人を思いやる心をお与えください。主にあって互いを赦すために。イエス・キリストの御名によってお願いいたします。アーメン。」

その祈りを聞いた時、私は神が悲しむようなことをしたのだとわかった。それぞれの人は自らの歴史で、それぞれの国は自国の歴史の中で、程度の違いはあるものの自らを正義の英雄に仕立て上げ、相手を悪魔と見なす。これは避けられないのだということを理解すべきなのだ。神の下ですべての人間は弱く邪悪な側面があり、このことを認識して初めて、敵との相互理解や和解が可能なのであると聖書は教えている。平和とは、友と握手することではなく、敵と握手することなのだ。本馬くんは、問題の渦中で、ただ神に静かに祈った——彼がとりなしの祈りをする姿に、私の心は驚くほど安らかになった。

水曜の夜がまたやって来た。私はいつもどおり、趙先生の伝道所の祈禱会に参加した。趙先生は明らかに、私が来たことを警戒していた。トラブルメーカーが来た、と思ったに違いない。その証拠に、説教が終わるとわざわざ、「特殊な問題に言及したり、おかしな発言をしないでください」と釘をさした。

私は、時を見計らって趙先生の前に行き、へりくだって言った。

「先週の祈禱会で、私はたいへん失礼な振る舞いをしました。聖書には『誰でも、聞くのに早く、話すのに遅く、また、怒るのに遅いようにしなさい。人の怒りは、神の義を実現しない』とあります。先週、私は感情を抑えることができず、申し訳ありませんでした。伊藤姉妹は今日いらしていませんが、病気で入院されたと聞きました。どうか趙先生から、私のお詫びの気持ちをお伝えください。私は、最終的に世界のすべての核兵器と軍事基地をなくすことに、私たち個々のクリスチャンは応える責任があると思います。」

趙先生は、私がおだやかに語り謝罪したので、ホッとしたのか、うれしそうに言った。「そうです。平和を実現することが、私たちクリスチャンの責任です。」

そして、小声で独り言を言った。「確かにそうですね。米国とロシアが核を持って、なぜ中国が核を持ってはいけないのか。」

私は、彼がそのように考えていたことを意外に思った。私が一歩後退したことで、彼も私の身になって物事を考えてくれたということだろう。私は、それがとてもうれしかった。

趙先生と夫人は、以前の遺恨をまったく問題にせず、次の祈禱会終了後には、趙先生に散会の祈りを頼まれ、私は聖書の一節を最初に朗読した。

「ところが、あなたがたは、このように以前は遠く離れていたが、今ではキリスト・イエスにあって、キリストの血によって近いものとなったのである。キリストはわたしたちの平和であって、二つのものを一つにし、敵意という隔ての中垣を取り除き、……それから彼は、こられた上で、遠く離れているあなたがたに平和を宣べ伝え、また近くにいる者たちにも平和を宣べ伝えられたのである。」（エペソ人への手紙2章13～17節）

祈りを捧げる中で、私は神の導きに感謝した。自らが偏狭で傲慢であったことを懺悔した。

和解したいという思いが、心から湧き上がってきた。

もしかしたら、雨降って地固まる、かもしれない。趙先生と夫人は、以前よりいっそう私を理解し信頼してくれた。伝道所に中国人の求道者が来ると、これまでどおり通訳を依頼された。趙先生の伝道所で陸上自衛隊の矢田部准将とも知り合った。彼もまた敬虔なクリスチャンだった。当時、彼は東京での「世界軍人キリスト者会アジア大会」を主催し準備する役を担っていた。私の父が将軍の家柄で、長く中国の軍人として服務していたことを知り、大会での中国語同時通訳の奉仕に私を招いてくださったのである。

# 第八章　神は愛なり・出会い

## 世界軍人キリスト者会

一九九五年八月十日、私は「世界軍人キリスト者会アジア大会」での同時通訳奉仕者として、会場の東京のホテルにやって来た。

会場に着いて、最も印象的だったのは、韓国からの代表団の姿だった。士官はスーツ姿で、夫人たちは民族衣装をそれぞれ着て美しく、人数も七十人を超えていた。あとでわかったことだが、韓国では国民の二五%、軍人の四五%がキリスト教徒で、歴代の大統領のほとんどがキリスト教徒ということだった。五十年前、日本の植民地支配下にあった韓国では、多くのキリスト教徒が神社参拝を拒否したため投獄され、拷問を受け殉教した牧師もいた。現在、韓国のソウルでは、イースターになると、かつての朝鮮神宮の跡地でキリスト教徒による勝利を記念した礼拝が行われているという。

台湾から来た国民党軍の将校および夫人たちはカジュアルな服装で、洗練された物腰をしていた。彼らは、私の胸の中華人民共和国国旗が表示されたネームプレートを見て驚いた。同じ中国人ではあるが、政治的には中国と台湾は敵対関係にあるからだ。だが、台湾の人々は親しみを込めて私に接してくれた。寄って来て一緒に写真を撮る人もいた。

夕食後、大会オープニング礼拝が行われ、日本語、韓国語、中国語および英語の四つの言語の歌詞が並び、それぞれの言葉で、天地万物を造られ人間を特別な愛の対象として造り導いてくださる創造主なる神に、会衆一同は心からの賛美を捧げた。大会参加者は二百五十人余りで、大部分はアジア各国の軍人代表であったが、米国や駐日米軍基地からやって来た若い男女の軍人代表もいた。

台湾代表のお世話で、少し遅れて会場に着いた時、礼拝はすでに始まっていた。講壇に一人の白いスーツ姿の老牧師が立ち、サクソフォンで私の大好きな讃美歌「アメージング・グレース」を演奏していた。その音は時にはきめ細かくゆっくりと流れ、時には滝のように激しく流れ、私の心は震えた。

演奏が終わった。サクソフォンを置いた牧師は、続いて自らの体験談を話した。

三年前の五月三十一日の朝、私が起きようとした時、妻は「抱いてちょうだい。私、さびしくて孤独なの」と言いました。私の妻は更年期の抑うつ症を患っていて、ここ数年は入退院を繰り返して治療を受け、その二日前に退院したばかりでした。私は、妻が「パパ、ありがとう。だいぶ良くなったわ」と言うまで、しっかりと抱きしめていました。私が風呂に入ると、妻の階段を降りる音がしました。ほどなく、教会裏の電車通りと道が交差する踏切の警報音が鳴りだして止まらないのです。何かわからないが、虫の知らせで現場へ走って行くと、電車が停まっていました。先ほど抱きしめていた、三十二年間ともに暮らした愛する妻の、両足だけが線路に残されていました。ああ、神様。神様はどこにいらっしゃるのか。なぜ、私ばかりが苦しまなければいけないのでしょう！

その後の一年間はほとんど眠れず、夜を明かし涙に暮れていました。三十二年間、深く愛し愛されてきた日々を思い出しながら、真夜中の終電が到着した音を聞き、静まり返った窓の外に漆黒の夜空が徐々に明けるのを眺め、始発電車がガタンゴトンと出て行く音を聞いていました。

しかし、一年経った四月二十六日の朝、夢の中で順子が帰ってきたのです。妻の聞き慣れた声がしました。「パパ、ただいま。私、隠れていたの。」見ると順子は、一番健康で美しい三十二、三歳の頃の姿をしていました。本当に、聖書に啓示されているように、まばゆい栄光に輝いていました。聖書にこうあります。「しかし、わたしたちの国籍は天にある。そこから、救主、主イエス・キリストのこられるのを、わたしたちは待ち望んでいる。彼は、万物をご自身に従わせうる力の働きによって、わたしたちの卑しいからだ

を、ご自身の栄光のからだと同じかたちに変えて下さるであろう。」（ピリピ人への手紙3章20、21節）

私はこの目で、栄光の体を与えられ栄化されたよみがえりの姿の順子を見て、妻が天国から私のもとへ帰ってきたことを本当に喜びました。私は喜んで「順子、なんて美しいんだ。すてきだよ。きれいだよ」と叫びました。

順子は笑いながら、「あなたといっしょにもう寝られないの」。

私は順子に、「ああ、奥にゲストルームができたから、そっちで休みなさい。僕は外で寝るから」。

健康に輝く顔をした順子が奥へ進むと、そのまま見えなくなったのです。しかし、私の目の前に、健康で美しい姿がはっきりと鮮やかに現れ、私の心に焼きついたのです。ああ、夢でなく、その朝神様が与えてくださった幻は、それほど鮮やかに、真実と慈愛に満ちた天国の順子を私に見せてくださいました。

加来剛希牧師のサクソフォン演奏と証しに心をとらえられた

神が私に問うのを聞きました。「いつまでもぐずぐずと泣き続けるつもりか。」

私は答えて言いました。「神様、私の軟弱さと、不信仰をお赦しください。復活した順子に会わせていただき感謝します。私は神の国をはっきりと見ることができました。私は最愛の妻を亡くした涙を拭い去ります。私はもう一度立ち上がり、福音伝道のため、神の国のために戦います。それを主が望み、また天国の順子も願うと思います。」

私は老牧師の証しに感動した。とめどなく流れる涙を拭って、心の中で祈った。「神様、私たちに、あなたのしもべであるこの牧師先生をお遣わしくださり感謝します。」

この時が、私と加来剛希牧師との出会いの始まりとなった。

## 敵意は滅ぼされた

翌朝の早天祈禱会で、私は中国語通訳者として奉仕することになった。メッセージを担当したのは、日本聖書神学校校長の新屋徳治先生だった。私は通訳ブースに座り、通訳をしながら、これまで体験したことのないような世界へと引き込まれていった。

私はすでに七十五歳の老兵であります。若き日に江田島の海軍兵学校を卒業し、二十二歳で海軍中尉として駆逐艦「暁」の水雷長を任じられ、太平洋戦争に従軍しました。一九四二年十一月十二日の真夜中、南太平洋上の戦闘で「暁」は撃沈され、翌日の午後、海上で米軍の捕虜となってしまいました。ニュージーランドへ連れて行かれ、その地の捕虜収容所で約三年間の生活を送りました。

私は、戦時の日本軍隊の伝統的訓練を受けており、敵国の捕虜になることは死にもまさる屈辱であると考え、良心の声が私に断食をして死ぬよう試みさせましたが、果たせませんでした。それからというもの、私の中では死にたいと願う思いと、生への本能との間で激しい葛藤が続いたのです。そのような中で、捕虜収容所のニュージーランド人の将校が本を貸してくれました。それが聖書との出合いでした。

当時、私は心身ともに絶望の淵に立たされており、どこへ向かうべきかもわからない状態でしたが、聖書を通して、イエス・キリストの十字架の救いを受け入れ、回心と新生の貴重な体験をすることができました。日本が戦争に敗れて帰国すると、私は日本聖書神学校に入学し、牧師の道を歩み始めました。また、母校の教師として三十年以上も勤めました。

新屋先生は続けて、奇跡のような愛と赦しの物語を語り始めた。

一九九二年八月七日は、一九四二年十一月の南太平洋の海戦と、上陸作戦五十周年という節目に当たりましたが、米軍はこの時を記念して、当時の海戦で鉄底海峡に沈んだ五十隻あまりの日本、米国、オーストラリアの軍艦の海底探査を計画しました。これを実際に計画したのは、海底に沈没したあの有名な豪華客船タイタニックの探査に成功したロバート・バラード博士でした。

この海底探査には、沈没した戦艦上で参戦した三人の元軍人が現場に招かれました。その一人はオーストラリアの水兵で、もう一人は米国のスチュアート・モアドック海軍大尉、そして私でした。モアドックさんの乗っていた「アトランタ」と私が乗っていた「暁」は、一九四二年十一月十二日の真夜中の海戦で、互いに向かい合って戦い、結局、両方とも沈没し、二人とも負傷しましたが、九死に一生を得ました。五十年目の両者の出会いは、時が逆転して、なんとも感慨深いものがありました。

探査は短い期間でしたが、私たちは次第に交わりと理解を深めていきました。いよいよ別れの日、モアドックさんはホテルの私どもの部屋にやって来ました。話をしているうちに、突然立ち上がり、私の手を握って今にも泣き出しそうになり、そして彼の口から、「Reconciliation（和解）」という言葉が漏れました。私たちは互いに抱き合ったのです。その一瞬の間、私はイエス・キリストの十字架の献身が、私たち人間に与えてくださる真の「和解」ということを実感したのであります。聖書には次のような言葉があります。

「十字架によって、二つのものを一つのからだとして神と和解させ、敵意を十字架にかけて滅ぼしてしまったのである。それから彼は、こられた上で、遠く離れているあなたがたに平和を宣べ伝え、また近くにいる者たちにも平和を宣べ伝えられたのである。」（エペソ人への手紙2章16、17節）

今年の八月十五日は、日本があの第二次世界大戦に敗れてちょうど五十年目に当たります。私たちクリスチャンは、日本が犯した過去のさまざまな罪を心から謝罪し、また真の平和がどこにあるかを指し示し、お互いが「平和の福音」の使徒として務めを果たすべく、ともに力を合わせて前進をしたいと願うものです。

早天祈禱会は終了したが、同時通訳をした私の気持ちはまだ、新屋先生の証しの感動に浸っていた。同じ人類、同じ神の子であるのに、それぞれの知力と財力をかけてお互いを殺し合い、戦争を起こすことがいかに愚かなことか、いかに不幸なことか。だが、五十年後の双方の「思いがけない和解」はどれほど美しく、人を感動させたか……。

同時通訳ブースを出て、朝食をとるためにホテル内のレストランに急いだ。

そこで、昨晩の開会式でサクソフォンを演奏し、感動的な証しをしてくれた老牧師の姿を見かけた。私たちはお互いに少し腰を上げて挨拶を交わし、名前を名乗り、「どうぞよろしく」と言った。その時、二人が交わしたのはそれだけのことだった。

その後も大会のプログラムは続き、私は同時通訳の奉仕に追われ、気がついた時には、加来剛希牧師の姿はいつの間にか会場から消えていた。

## 導かれた出会い

世界軍人キリスト者会（日本では「コルネリオ会」）の大会が終わって、私が台湾代表団を見送る時、黄ヨハネ団長から別れ際に封筒を手渡された。中には百ドルの奨学金が入っており、さらに勉強に励んでくださいと心のこもる言葉をいただいた。

随行のある牧師は、美しい壁掛けカレンダーをくださり、そのうちの四つを大会で説教され

世界軍人キリスト者アジア大会の参加者たち。手を高く上げているのが著者（ホテル前で）

た牧師に送るように頼まれた。私は大会事務局で四名の牧師の電話と住所を調べ、学園の寮に戻ると、先生がたに電話して住所を確認し、台湾代表団から特に贈られる美しいカレンダーを送る旨を説明した。

最後の一人、加来剛希牧師に電話した。

「加来先生、こんにちは。私はコルネリオ会の台湾代表団の通訳をした李北利と申します。」

「そうですか、私は台湾に行ったことがあります。そこで夏の伝道会に呼ばれました。」加来剛希牧師はうれしそうに言った。

私は説明した。「でも、私は中国大陸から来た留学生です。」

なんと加来牧師が、さらにうれしそうに次のような話をしてくれた。

「僕は中国大陸へ行ったことがありますよ。父は中国で伝道し、天津聖経神学院の学院長でした。僕は天津の小学校に三年間いました。」

私はとても驚いた。意外にも加来牧師が中国に思い入れを持っている方とは……。

電話が終わっても、私はしばらく落ち着かなかった。あの大会で、自分の弱さを隠すことなく告白して感動的な証しをしてくれた老牧師は、中国と深い関係があった――。これは偶然の出来事なのだろうか。愛する奥様に先立たれ、孤独な生活を送っておられる加来牧師に対し、自分の中に不思議な熱い思いが湧き上がってくるのを感じていた。

当時私は、日曜日には千葉の学生寮から電車に乗って、東京の恵比寿にある東京国際基督教会の礼拝に出席していた。この教会には台湾や中国本土から多くの留学生が集っていた。私は加来剛希先生を、留学生の集いの講師として推薦した。どうしても、先生にもう一度お会いしたいという思いも強かった。

先生には私が連絡することになった。私は電話する前にお祈りした。「主よ、あなたのみ旨に沿うならば、どうか私の願いを成就させてください。沿わないのであれば、私を押しとどめてください。」

電話はすぐに通じて、加来剛希牧師の温かみのある低い声が伝わってきた。

「こんばんは、加来です。」

「こんばんは、加来先生。覚えているかどうかわかりませんが、私はコルネリオ会であなたの証しとサクソフォンの演奏を聴いて大変感動いたしました。私たちの教会の留学生の集会で、演奏と証しをお願いしたいのですが。お忙しいとは思いますが、お出でいただけないでしょうか。」

「そうですか、わかりました。喜んで奉仕にうかがいます。韓国の伝道集会に呼ばれた時は、韓国の讃美歌と『アリラン』を演奏しました。中国の讃美歌と民謡も演奏したいと思いますので、楽譜をファクスで送ってください。ファクスと電話番号は同じです。」

加来牧師の声は温かみがあり、落ち着いていて親しみやすさが溢れていた。要件を終えると、私は勇気を出して話を切り出した。

「加来先生、少し雑談をしてもよろしいですか。」

「ええ、いいですよ。喜んで。」

ここで私は、剛希先生が伴侶を求めておられるかどうかを聞いてみた。奥様が亡くなったあと、加来先生は伴侶を真剣に求めておられると、次のように語ってくれた。

「僕は、妻の死といくつかの突然の出来事で身体や心を支え切れなくなり、仕事をやめて家で二年間休みました。もう六十三歳で残りの人生はそう長くはないと思いますが、僕の人生の意義はすべて主の福音伝道にあり、人生の最期の瞬間まで教会で牧会を続けることを切望しています。僕には牧師夫人となる伴侶が必要で、それはとても重要なことなのです。」

話の中で、まだ加来牧師には、理想とする牧師夫人の候補が現れていないということを知った。私はこのあと、大胆な発言をした。

「私は神学校の学生で、聖和大学のキリスト教教育学科を卒業し、現在は東京キリスト教学園共立基督教研究所の宣教学修士課程におります。私に会ってみるお気持ちはないでしょうか？」

一瞬、加来牧師は驚いたようだが、こう言ってくれた。

「……それでしたらお会いしましょう。待ち合わせ場所はどこがいいですか。」

私は、どちらにも便利な船橋市ＹＭＣＡで、次の日の午後一時に会うことを提案した。私は受話器を置いて、ほっと一息ついた。最初の扉が開けられた。これは本当に神のみ旨なのかもしれない。私はとてもうれしかった。

## 中国の思い出

翌日、私と加来先生は、待ち合わせ場所の近くの喫茶店で、向かい合って座っていた。さすがは牧師、彼はそれほど誠実で、善良で、思いやりのある目をしていた。私はすぐに緊張を解き、自分の家庭のこと、過去の軍隊生活、荒野での命拾い、日本への留学や、アルバイトでの体験を話した。東京キリスト教学園でアルバイトのことで三か月も人と衝突した話をした時、加来牧師は興味津々で、一緒に大笑いした。

彼も小さい頃の中国での話を始めた。天津のフランス租界に住んでいる時に河に落ちて、もう少しでおぼれ死ぬところだったことや、中国語と中国語の讃美歌をまだ少し覚えていて、小声で歌ってくれた。

イエス様は私たちの親友です
イエス様は私たちの救い主です
ハレルヤ、イエス様を賛美します
ハレルヤ、主を賛美します

こうして私たちは、喫茶店で四時間余りを過ごした。その後、場所を先生の自宅に移して、中国語の讃美歌を練習した。加来牧師はすぐにサックスで試し演奏をした。楽譜は比較的簡単で、私もそのメロディーに合わせて歌い始めた。中国語の讃美歌「野の花を見よ」を歌い終わると、次に台湾民謡「阿里山の娘」を歌った。「阿里山の娘」はより現代的なリズムなので、加来牧師はとても気に入り、演奏を楽しんだ。私も心ゆくまで歌った。そして、あの大会で聴いたサクソフォン演奏の感動を語った。

「加来先生、私はあなたが演奏するアメージング・グレイスを聴いた時、とても感動しました。それは私が最も好きな讃美歌の一つで、今まで見えなかった神の恵みを今は見いだすことができる、というところまで歌うと、いつも感動して涙が出そうになります。神様がなぜ私をお選びになったかはわかりませんが、私はどれほど幸運かと思うのです。」

「僕も最も好きな讃美歌です。」

加来牧師は語った。「僕も、かつて神を裏切りましたが、神は終始私を愛し、家に戻してくれました。僕はこの曲を四回転調して一歩、さらに一歩と、神の恵みに対する感謝の気持ちと賛美を表現しました。それは言葉では表現できません。心の深いところで感じることなのです。」

この時間、私は幸せだった。心が通じ合うクリスチャンと、互いに自分の弱さも隠すことなく会話ができた。

だが別れ際、私の期待とは違って、加来牧師にとって私は、将来の伴侶となるべき対象ではなかったことがわかった。加来牧師は、苦労している中国からの留学生に、兄のような思いで接してくれていたのだ。

朝、目が覚めると、昨日の生き生きとした場面がはっきりとよみがえってきて、平然としているべきか、それとも惜しむべきなのか、わからなかった。心の奥にある喪失感とつらさは、ごまかすことができなかった。一日だけの交際だったけれど、加来牧師を思う気持ちは強く、私は恋い焦がれた。こんなに誠実で善良な目をした人はめったにいない。目は心の窓である。彼の魂は珍しく純粋で善良で寛容さを持ち、すべてを包み込むことができる。残念なことは、それが私のために用意されていないということだった。

私は机に向かって一日中、卒業論文を整理していると、涙がひとりでにこぼれた。自分自身を励ましたりもした。神様に従います！　従順になります！　勉強して、加来牧師に引けを取らないすばらしい伝道者になります。彼のような、誠実に人の心の声に耳を傾け、すべての人を尊重し、包容する人になろう――一日中、こんなことを考えていたら、知らぬ間に夜の十時になっていた。私はやっと気がついた。一日中食事もせず休憩もしなかったが、意外にも空腹は感じず、疲れてもいなかった。論文がある程度進んだことがうれしかった。これがせめてもの慰めだ。良かった！

## 女優として舞台に

話は加来牧師に出会う一か月前にさかのぼる――。夏休みになると、共立基督教研究所の学生たちはそれぞれ帰省していた。早朝に図書館にやって来ると、私一人だけのことが多かったので、小声で歌いながら資料を探すことができた。疲れた時、本棚の狭い通路で、太極拳を少しした。

夏休みに神戸の「劇団道化座」で、女優として舞台に立つことが決まっていた。だから、その前に提出すべきレポートを完成させなければならない。すでに、道化座の須永団長からは、台本と新幹線の切符が送られてきていた。

演劇の舞台に復帰できる喜びを胸いっぱいに、荷物をまとめてちょうど出発しようとした時、学園事務所の伊藤会計から電話がかかってきた。私がスーツケースを引いて事務所に行くと、伊藤さんは私に分厚い封筒を渡して言った。ある「匿名希望」の先生が、この十万円の個人奨学金を私に渡してほしいとのことだった。私はとても感動したが、封筒を彼女に返して言った。

「その先生に、感謝の気持ちをお伝えください。神様からの愛と励ましとして、心に大事に納めておきます。私はすでに二つの中華教会から神学生奨学金をもらっていますし、これから神戸の劇団に行き、演劇の仕事をする予定です。多少謝礼がもらえると思います。この十万円は感謝の気持ちを伝えていただき、その先生にお返し願います。」

しかし伊藤さんは、私に受け取るようにと勧めて言った。自分も神学校で勉強した時、匿名の先生から長期にわたる経済的援助を受けたことがあります。これはすべて神様の恵みです。まして新学期になったら、学費や参考書などお金を使うことが多いですから。

私は感謝の気持ちでいっぱいになり、その場ですぐに感謝の手紙を書いて伊藤さんに渡してもらうことにした。

新幹線で静岡を通過する時、窓から夕陽に映える美しい富士山を見ながら、あの厚い封筒を取り出すと、封筒にはきれいな小さな字で、「十万円を季姉妹に渡してください」と書かれている。私の苗字の「李」を間違って「季」と書く日本人の先生や学友がたびたびいたので、私はもう慣れていた。ただ、いろいろと推測した。いったいどなたが、この十万円を私に贈って

日中合作の新劇「小蓮の恋人」に出演。話をしているのが劇団道化座の須永克彦団長。著者は右から２人目

くれたのだろうか？　恩師の先生の顔が次々と浮かんだ。

夜の景色の中、新幹線は明るい神戸駅に到着した。六甲山にある「劇団道化座」に向かっていた。懐かしい演劇の舞台に再び上がるチャンスを与えられ、感無量だった。

「劇団道化座」は、喜劇の形で深刻な社会問題を演劇に表現することに優れた劇団で、喜劇王チャップリンのような芸風で知られていた。団長の須永克彦先生は三十年間、日中・日韓の演劇の友好交流に熱心であった。

今度稽古をする新劇「小蓮の恋人」の筋書きは、日本人残留孤児の上村雅子が中国人の夫と三人の子どもを連れて日本に帰った後、一家が経験したさまざまな苦楽を反映し、

「共生」というテーマを強調していた。私は上村雅子の役を演じ、夫役は私も属していた中国の「青芸」の古参俳優の鮑占元さんであった。私は神戸に到着した翌日、須永団長ご夫妻とともに空港で彼を出迎えた。彼は私を発見すると、予想もしていなかっただけにとても喜んだ。

舞台は大成功だった。須永団長は、中日両国の役者が同時に舞台に立ち公演することは、必ず人々を感動させ、本場の雰囲気を生き生きと再現できると信じていた。

確かに、私たちは舞台の上で時々観客席から起こる笑い声に励まされ、時にはひっそりと静まった中で、観客の低いため息とすすり泣く声に心動かされ、より情感を込めて演じることができた。

# 第九章　神の家族として歩む

## 再びの出会い

前にお願いしていた東京中華教会の留学生の集いに、加来牧師は講師として来てくれた。集会は祝され、会場の丁《ティン》ママの邸宅には七十人以上の留学生が集まった。丁ママは教会の執事で、多くの留学生の生活の援助を続けている女性だ。教会には、中国人と結婚した小原ママというとても親切な日本人女性がいて、自分の家で日本の若い学生たちのために集会や愛餐会を開いていた。その日小原ママは、丁ママの家の集会で加来牧師の「天国の証し」を聞き、サクソフォンの美しい演奏を聴いてとても感動し、自分の家でも集会を開きたいと申し込んだ。

ちょうどその頃、神戸の「劇団道化座」から、現代劇「小蓮の恋人」が近日中に東京と神戸で再演されるという連絡があった。須永座長によると、この劇は文化庁よりその年の優秀舞台芸術公演奨励事業として評価されたいうことだった。

加来牧師に私の舞台を見ていただくチャンスがあるとは、思いもよらなかった。初めての東京公演の時、丁ママと教会の兄弟姉妹、学園の「戦争責任や植民地支配責任などを考える会」の数名の教員と同級生が見に来てくれた。下川友也校長は用事で来られないとのことで、わざわざ事務所の女性職員に託して花束を届けてくださった。

加来牧師は、東京での舞台を見終えた後、家に帰ると、プログラムを手に神戸の友人牧師や名古屋の妹、義弟に、ぜひ舞台を観てくれと電話をかけてくれた。名古屋では加来牧師の妹のむつみさん、ご主人の西久保さんが、公演をわざわざ見に来てくださり、さらに楽屋にも訪ねていただいて、むつみ夫人のお手製のケーキを「剛希お兄さんに」と持たせてくださった。私は、人の心の温かみを深く感じて、日本に本当に将来の親戚ができたのだと思った。

巡回公演の十数日間は、公演が終わると宿泊先のホテルから毎晩、加来牧師に電話をかけた。あの初めてのデートの日、兄のように接してくれた加来牧師……。

それは私の孤独な心を癒してはくれなかったが、慕る思いから、翌日には彼に電話をかけ、再び会うようになったのだ。

長年、私は日本で一人で過ごしてきたが、多くの助け手にも恵まれた。

だが、孤独な私が求めていたのは、私を一人の女性として愛してくれる男性だった。加来牧師に対し、片思いかもしれないが、心通じる男性に出会えて本当によかったと思った。

公演が終わり、学園に戻ったその夜、加来牧師から電話があった。

「李さん、お帰りなさい。土曜日に私の家に来ませんか。僕は大事なことをあなたと話したいから。僕は正式にあなたに求婚するつもりです。」

## 苦しみの告白

土曜日に加来牧師の家を訪ねると、彼は両手を広げて、私を迎え入れてくれた。居間のテーブルには、イチゴやチョコレート、クリームチーズが置かれていた。私は名古屋の妹のむつみさんお手製のナッツ・クリームを出して切り、皿に取り分けた。加来先生は、緑茶を入れてソファに座り、私はテーブルのほうの大きい座布団に座った。彼は求婚する前に話したいことがあると言って、ゆっくりと胸のうちを話し始めた。

「五十六歳の時、佐賀から東京にやって来て、五年間は私の伝道生涯で最も実りの多い時期だった。だが実は、その数年間は、わが家では最も困難な時期を迎えていた。順子が更年期障害と抑うつ症になり、私の手から離れて行ってしまった。あっという間に目の前の世界が色を失った。日曜日には礼拝の説教をしたが、月曜には牧師館に閉じこもり、一日中食事もとらず、カーテンを引き、ただ黙々とビールを飲んだ。心の中は闇で、疲労と悲しみの中に浸り、明日が迎えられるかもわからなかった。主よ、悲嘆にくれています。あなたの手にすべてをゆだねます。このままあなたのもとへお連れください、と祈ったこともあった。このように一年近くを過ごし、僕はやっと買い物、料理、洗濯など一人で生活することに慣れてきた。」

加来牧師は苦しみの告白を続けた。——ようやく絶望の淵から這い出すことができたと思った。しかし、試練は続いた。翌年の夏、憶えのない罪を教会の一部の信徒から告発されたのである。若い女性の心を傷つけるという、牧師としてはあるまじき行為をしたというのだ。この問題は後に、いわれのない誹謗中傷で、被害者はむしろ加来牧師自身だったことが明らかになるのだが、その時は弁解も許されず、牧師は裁きの座に立たされた。

そんな苦境の時、加来牧師を支えてくれたのは、牧師を信頼してくれていた教会員たちと、数十年来の友人である同じ教団の牧師だった。教会を辞任した加来牧師を、その友人の牧師は教会の協力牧師として招いてくれた。

「もし、彼ら兄弟姉妹が僕のために祈り続けてくれなかったら、僕はとうに壊れていただろう。今、僕が直面する最大の問題は、教会に正式に招聘されたいということだ。僕の姉が心配してくれて、牧師として立つのなら、まず結婚をすべきだと言ってくれた。だから、僕がまだ少年だった頃に知り合った女性に求婚したが断られた。彼女は夫に先立たれた元牧師夫人だった。牧師夫人になることに疲れた、という理由だった。ほかにも、未婚で教会の音楽指導をしている女性にも自分の気持ちを打ち明けたが、年の差があると断られた。私には牧師としてふさわしくないという噂が広がり、経済力もないのだから、断られるのはやむをえないことだと思う。そんな時、あなたと出会った。あなたには本当に、僕とともに祈り、人生の谷間から抜け出そうとしている僕について来てくれる気持ちはありますか。」

剛希牧師が、できるだけ淡々と、冷静に話しているのがわかった。私は重い気持ちで、何と言ったらいいかわからず、テーブルにあった聖書を開き読んだ。

「ふたりはひとりにまさる。彼らはその労苦によって良い報いを得るからである。すなわち彼らが倒れる時には、そのひとりがその友を助け起す。しかしひとりであって、その倒れる時、これを助け起す者のない者はわざわいである。またふたりが一緒に寝れば暖かである。ひとりだけで、どうして暖かになり得ようか。人がもし、そのひとりを攻め撃ったなら、ふたりで、それに当るであろう。三つよりの綱はたやすくは切れない。」(伝道者の書4章9〜12)

私は声を出して読みながら、気がつくと、すすり泣きに変わっていた。

「もし、順子夫人があなたのそばにずっといらっしゃったら、きっと、こんな苦難に遭うことはなかったでしょう。」その言葉に、加来牧師は涙を流した。

二人は、それぞれの人生の道のりは長く、苦難に満ちたものであったことを思った。命の短さと大切さを、これほど感じたことはなかった。神が私に与えたこの愛は、想像していたものより遥かに重たかった。重いからこそ、神は私を選び、担わせたのだと思った。なぜなら、私もまた、「強硬派」たちに地面に投げ捨てられ、足で踏みつけられた。また、「穏健派」からも圧力を受けながら、救いの手を差し伸べられた経験もした。私は、一人の人間を完全に破滅させようと思えば、それは簡単なことなのだということを知っている。

## 婚約式

クリスマスが近づき、加来牧師と私はバプテスト連盟東京西地区の牧師と夫人によるクリスマス集会の席で婚約式を行った。事前に、加来牧師から中国伝統の服を身に着けるようにと言われていた。自分のフィアンセが中国人で神学の大学院生であることを誇りに思ってくれていた。

婚約式の写真

その後、私たちは式の写真を選び、グリーティングカードにして、双方の親戚、友人に送った。

反響はさまざまだった。剛希牧師のお姉さんや友人の牧師たちからは、温かな祝福の言葉が送られてきたが、前の奥さんを失って二年しか経っていないのに、中国人の留学生と結婚するなど認められない、と抗議する連絡も受けた。

北京にいた私の母は、カードの写真を見ると、一時、驚きで言葉を失った。八路軍将校の娘が、なんと日本人牧師と結婚する――それは思いもよらなかったことだったのだ。妹からの手紙によると、母はしばらくこの事実を受け入れられず、夜中に二度起きて、睡眠薬を飲んだという。私は母の気持ちが痛いようにわかった。父と「日本の鬼」は八年にもわたって戦ってきたのだ。ただ妹は、「安心して。お母さんの気持ちを変えるよう努力するから」と手紙に書いてきた。

共立基督教研究所の宇田進所長は、中国から来て孤軍奮闘する私を見て、陰で支えてくださった先生である。私たちの婚約の報告をした時も、とても喜んでくださったが、次にお会いした時には、少し浮かない顔をして言った。

「李さんは当学園の最初の中国人留学生です。あなたは学業面で努力され、成績もすばらしいです。私は心から君の幸せを望んでいるが、今はとても気がかりです。バプテスト連盟の牧師に加来剛希牧師の件を確かめたところ、加来先生はユニークな牧師で、努力家でもあり、たいへん成功もした。だが、夫人が抑うつ症を患い亡くなった後、若い女性と親密な関係になった――。私は、また思いもよらないことが起きて、李さんの人生が台無しになることを心配しているのだよ。」

私は、加来牧師が自分の弱さを包み隠さず話してくれたこと、加来牧師の人格を否定するような中傷やうわさは誤解であることなど、本人から直接に聞いたことをありのままに話した。

私の話が終わると、宇田先生は軽くため息をついて言った。

「人のうわさは恐ろしいね。雪だるまのようにますます大きくなる。ただ、私たちは聖職者だ。神から求められるものは、一般の人より十倍も二十倍も厳しい。私が心配しているのは、君たちの将来が気楽な人生ではないだろうということなんだ。」

私は、宇田先生が心配してくださることがよくわかった。

「宇田先生、お心づかいを感謝します。確かに今は、加来先生は失業中です。でも、先生の一生かけての使命は伝道です。もし乞われれば、どんな辺ぴな小さな教会でも喜んで行きたいと申しております。私が重いリュウマチを患っていることも、愛するなら病気も含めてのことだと言ってくれました。確かに、私たちの人生は失敗だらけの人生だったかもしれません。けれども弱さゆえに、さまざまな挫折の中に神様の愛とお導きをこの身で体験してきました。」

私は最後に言った。「共立の先生がたが、最初の中国人留学生を誇りに思える日が来るように、どうぞ私を忘れずに、私たちのために祈ってください。」

## 卒業論文

あっという間に卒業の年度になった。卒業論文のテーマを考えねばならないが、私は宇田所長の提案によって、稲垣久和先生が教えてくれる「キリスト教哲学」を履修しようと思い、卒業論文のテーマは、そこで学んでいく中で決めようと考えた。実は、稲垣先生の授業はとても難解で、初めに授業に出てその講義を聞いた時など、日本語の聞き取りが十分にできず、まったくわからなかったことを思い出す。

稲垣先生が講義した「聖書の超越的解釈学」は、私にとってはまったく新しい概念だった。授業の内容を聞いてもわからないので、とりあえず稲垣先生が書かれた『知と信の構造――科学と宗教のコスモロジー』を読むことにした。稲垣先生は、キリスト教哲学と倫理の問題で一般の書店からも書籍を出し、第一人者と言われる学者である。

本を全部読み終わって、私は自分が強く心動かされていることに気がついた。すなわち、私が共産主義者として当然のように考えていた「唯物論」における理性の考え方に大きな問題があることを、この本は指摘していたのだ。

「決して、歴史がわれわれに属するのでなく、われわれが歴史に属するのだ。」——われわれ自身が反省し、思索を行う前に、われわれはすでに生まれた家庭、社会、国家に属している。われわれは、家庭、社会、国家の伝統的意識の束縛から抜け出しにくい存在である。

人間の理性的思考には限界があり、われわれの伝統意識がわれわれの宇宙の普遍的意味を持つ真理を認識することを妨げている。

一方、聖書の啓示は、宇宙の創造者であられる神から出され、万物を超える、宇宙の法の理念である。聖書の超越論的解釈学というのは、聖書に示される超越的、普遍的な意味の正義、公平、善良の原則を理解し説明することである——私は、稲垣理論をこのように受け止め、だんだんと理解できるようになった。

そして、これはキリスト教の核心ともいうべき問題であるが、〝罪の問題〟の本質を、この本で知ることができた。

わたし自身を含め、人間の罪の原点とは、神様とその啓示を無視し、きわめて限界のある自己中心的理念によって行動することである。共産主義の失敗も、実は、そこに根本原因があったのだ。

稲垣先生は、この本の最後にこう指摘している。

二十世紀末葉、国際社会において、民族の違い、価値観の違い、道徳、宗教の多元化が日に日に、明らかになった……湾岸戦争を特徴として、異文化の間の対話は断ち切られ、世界の情勢における戦乱と暴動はすべて、人類の極めて限界のある理性的思考による。各自は、自らの正義を主張し、「真理のための戦い」をしようとする。

けれど、聖書に啓示された宇宙の普遍的な真理とは、「汝の敵を愛せよ」と言われたイエスにある。（イエスが道であり、真理であり、命なのである）。

この稲垣先生の論述を読んで、私が考えたのは、中国の悲劇ともいうべき文化大革命についての再考察だ。どうして、何億もの民衆が毛沢東というカリスマを熱狂的に崇拝し、熱狂的に互いを憎み、熱狂的に敵を打倒したのか――このような偏屈な文化社会の現象は、再考するに値するのではないか。

結局私は、稲垣先生の著作を参考に、大学の学士論文を修正して、「中国の伝道と共産主義思想運動」をテーマとした卒業論文を完成した。

論文を提出したあと、ずっと不安で落ち着かず、私のこれらの薄っぺらな認識が全面的に否定されることを心配していた。私はキャンパスで稲垣先生に出会うと、恐る恐るうかがった。「先生、私の学位論文は……」　すると、先生は答えて「ああ、とてもおもしろかったです」。その声は、先生が論文に満足してくれた、と私は前向きに考えることにした。

ちょうどこの時、私の一番弱い履修科目「神学英語」のレポートも、意外にも八十三点の高い点数が付いたことを知った。私はほっとして、その紙に担当の倉沢先生が書かれた評価をじっと見つめた。そこには、「季姉妹のこの論文は予想外によかったです！　私はうれしいです……」と書かれていた。「季姉妹？」　私は驚いて、すぐに、聖書にはさんでいたあの十万円の入った封筒を出して筆跡を照らし合わせた。間違いなかった！　私に十万円をくれた人は倉沢先生だ。意外だった。先生は研究所の中でも一番若い先生で、お子さんもいて、生活費が一番かかる年代である。

私は感動して、すぐに事務所に倉沢先生を訪ね、感謝した。「夏休みの時、匿名希望で十万円の奨学金が私に贈られました。その先生は倉沢先生ですよね。」

「そうですか？　私はよく知りません。」倉沢先生は否定された。そこで私は、失礼とは思ったが、「倉沢先生、学園で『李姉妹』を『季姉妹』と書くのは先生だけです。間違いありません。」

先生は、申し訳なさそうに言った。「あ、それは失礼しました。名前を間違って書いて、本当に申し訳ありません。」

この二年間、陰で多くの方々が、欠点だらけの私を支えてくれていたのだ。私は本当に恵まれていると思った。

出すべきレポートをすべて提出し、筆記試験も終わり、不安で胸がドキドキしながら沈んでいる時、意外な知らせを受けた。今年、研究所の四名が宣教学修士課程の学位を得た。その中に、私と、いつも私を助けてくれた六十歳の石川牧師が含まれていた。あとで宇田所長が私に教えてくれた。私の履修単位数と各科目の総平均点数は、一点多く、また一点少なくて、ちょうど八十点になり、学位をもらえる基準に達したという。きっとまた、神様の大きな手が弱々しい無知の私をしっかりと支えてくださったのだ。

卒業式の日、カメさんの私は、ついにウサギさんたちの後ろ姿に従って演壇に登り、修士学位証明書を受け取った。

私の婚約者――加来剛希牧師が卒業式に列席していた。彼は、大礼拝堂の最後列の真ん中の私がよく座っている席に座っていた。私は、学位証明書を手に掲げて演壇から下りる時、遙か遠くの人の群れの中から、一目で彼を見分けた。銀白色の髪の毛、四角い顔、濃い眉の下に少年のような澄んだ目があった。

# 第十章　国籍は天にあります

## 北京での結婚式

驚くばかりの恵みなりき
この身の汚れを知れるわれに

私たち一行九人は、結婚式に備え、北京のホテルの部屋に集まって賛美歌「アメージング・グレース」を練習した。一段落目は日本語で、二段落目は中国語で歌い、剛希先生の娘の宣恵さんは独学で中国語を勉強していたので、歌詞に日本語で読み仮名をつけた。明日の結婚式は北京のキリスト教会で行い、その時に私たちはこの讃美歌を捧げる。歌の練習を終えた後、私と加来牧師は北京のＹＭＣＡへ行き、明日の結婚式を司式してくださる李保桓牧師を訪問して、式の準備の相談をした。

李牧師が北京のＹＭＣＡで結婚の誓いの練習を指導してくださり、加来牧師に言った。

「私が『新郎加来剛希さん、あなたは健やかな時もそうでない時も、李姉妹をその命の限り愛し、かたく節操を守ることを誓いますか、と尋ねたら、外国人なので、簡単に中国語で

『是《シ》』でも、日本語で『はい』でもどちらでもよいです。」

しかし、加来先生は、中国人のように中国語で「ウオユァンイ」と答えます、と頑張った。

果たして翌日の結婚式で、誓いの言葉の時、司式をした経験からタイミングよくポケットからそのメモを取り出すと、温かみのある低い声でしっかりと「ウオユァンイ」と答えた。結婚式に集まった人たちの間から称賛の声が上がり、私は誇りに思った。式にはちょうど礼拝が終わったばかりで、百人ほどの会衆がそのまま結婚式に参加してくれ、私の友人を加えると総勢二百人ほどになった。

式の最後に李牧師は、来賓へ挨拶するように、加来先生を促した。私は手に花を持ち、加来先生の側に立って通訳した。

「親愛なる兄弟姉妹の皆様、私は日本から来ました。日本人はかつてあなたがたに東洋鬼子《トンヤングィズ》と呼ばれていました。それは、侵略戦争であなたがたに大きな災難をもたらしたからです。今、私はこの機会を借りて、私の民族を代表して心から反省し、皆様に謝罪の意を表したいと思います。」

加来先生のスピーチは意表を突いたものだったが、会堂に大きな拍手が湧き上がった。加来先生は言葉を続けた。

「私たちはともに神の子であります。地上では、私たちは中国、日本などに分かれています。しかし、神の国では同じ天国の民です。今後、私たち国籍を越えた夫婦は、互いに協力し合い、神の平和の福音伝道を行ってまいります。神様がお許しくださるなら、私は真に中国の教会でお仕えしたいと考えております。子どもの頃、私は天津の学校に通っておりました。日中両国が永遠に友好的に付き合っていけることを心から望んでいます。」

親たちの世代は戦場で対決し、私たちは十字架の下で福音を宣べる

加来牧師のスピーチに惜しみない拍手が送られた。その後、娘の宣恵さんは私に言った。

「お父さんは本当に勇気がある。皆様の前でこんな話をするんですから。私はあの時、緊張で息が止まるかと思いました。次に何が起こるかわからなかったけれど、こんなに熱い拍手をいただくなんて思いもよりませんでした。」

会堂に列席したノンクリスチャンは、あらかたが私の実家の親族で、姉と妹はそれぞれ夫と子どもたちを連れて来ていた。彼らはすべて共産党員や共産主義青年団員で、姉と妹の夫は現役の士官だった。彼らは初めて教会の中に入ったので、特に子どもたちは興奮して、加来牧師のスピーチに感動した。

私の母は、健康を考慮して教会での式には参加しなかったが、夜、ホテルのレストランで行われた披露宴には参加してくれた。母が日本からのお客様一人ひとりと親しみを込めて握手していた、その姿に私は感動し、安堵した。

披露宴は、なごやかなうちに進んだ。妹は音楽学院の教授について声楽を学んでいたので、教会の聖歌隊に興味を示した。

「私が聖歌隊に入るとしたら、どんな手続きが必要なの？」

私は言った。「それにはまず、洗礼を受ける必要があるのよ。洗礼の前には、第一に教会の礼拝に一年以上出席しなければならない、第二に聖書の基礎知識のテストに合格すること、第三に信仰の保証人二名が必要なの。」

これは中国の政府公認教会の場合である。たぶん、これも共産党の影響を受けていると思われる。中国共産党に入党するには二名の推薦人が必要なのだ。

加来牧師が言った。「日本でバプテスマを受けることは、それほど複雑ではありません。心の中で十字架の救いを信じ、罪を悔い改め、みんなの前でイエス・キリストが自分の救い主であることを受け入れ告白すれば、保証人はいりません。」

母は思わず、「保証人がいなくて、その人が良い人か悪い人かをどうやって判断するんですか」と聞いた。私が答えようとすると、母は私を制して「加来牧師の見解をお聞きしたいと思います」と言った。

加来牧師は言った。「私たちには、他人が良い人か悪い人かを判断する資格がありません。しかし、彼らが主を信じ悔い改め救われるよう、あらゆる人に関心を寄せる義務があります。」

母はしばらく沈黙していた。私にはわかっていた。母は加来牧師を尊敬していた。だから、牧師先生のこの話は、母独自の考え方に衝撃を与えた。共産主義者たちは、自分を基準にして他人が良い人か悪い人かを判断してきたからだ。

妹が尋ねた。「先に日本で洗礼を受けて、そのあと中国の教会に移ることはできますか。」

加来牧師は答えた。「もちろんできます。どの国で洗礼を受けようとも、全世界にあるキリスト教会では、誰もが主のもとにある兄弟姉妹と見なされます。聖書には『私たちの国籍は天にある』と書かれているんですよ。」

その後、私はこの時の晩餐会を思い起こすたびに感動がよみがえった。それは、共産主義者とキリスト教徒との友好的対話が実現し、そこに敵対関係はまったくなかったからである。

## 暗闇から光へ

北京から東京に戻ると、キリスト教の復活祭を迎える四月になっていた。加来牧師は広島県尾道市で開かれるイースター伝道集会に招かれており、主催者の了解を得て、集会では私も奉仕者として参加することになった。

その伝道会で、私は中国の讃美歌「野の花を見よ」を歌うことにした。出発前、私たちは協力して歌詞を日本語に訳し、二番目の歌詞は私が日本語で歌い、加来牧師がサクソフォンで伴奏することになった。

初めて夫婦ともにした奉仕、広島県尾道市の超教派によるイースター伝道集会

このような大きな集会で奉仕するのは初めてということもあり、私は緊張して賛美し、自分の証しをした。加来牧師はさすがに慣れたもので、サクソフ

ォンを持ち、講壇の上でも落ち着き払っていた。彼は聖書を開いてその一節からメッセージをし、続いて讃美歌を演奏した。会場の雰囲気は明るく、笑い声と拍手が続いた。加来牧師は、証しの時にも、私との出会いを語ってくれた。

昨年の八月、私は池袋で開かれた世界軍人キリスト者会の開会式の奉仕に参加しました。私はこの大会で、現在の妻である李さんと知り合いました。彼女は中国人の神学生でした。今年の三月初めに神学校の卒業式に出席し、三月末には北京の教会で結婚式を挙げました。その朝、彼女は私を万里の長城に連れて行ってくれました。長城の上で各国の観光客を前に、サクソフォンで讃美歌を何曲か演奏しましたが、それは本当に得難い経験でした。高くそびえる長城の頂で、サクソフォンの調べは空の果てまで届き、本当に天国のこだまを聞いたようでした。私は、神の恵みはこんなにも豊かですばらしく、予測しがたいものだと深く感じました。では、もう一曲、アメージング・グレースを演奏しましょう。

伝道集会が終了してホテルに戻ると、私は感激して加来牧師の両手を握って言った。「私たち、まず感謝の祈りを捧げましょう！」　私は両膝をついてお祈りした。

「父なる神よ、感謝します。神様から与えられた新婚生活の第一歩はなんと尊いものだったでしょう。私たちは十字架の救いに報いるために生涯を捧げます。どうか、あなたの老いたしもべに憐れみと祝福をお与えください。」

私の日本留学生活は七年目を迎えた。その間、最も大きな感動は、「神とともに歩む」という生活の中にあった。神学校時代の規律ある生活を卒業後も続けるため、私と加来牧師は毎朝、二人だけの早天祈禱会を続けることに努めた。

それは、一日のうちで最も重要な充実した時間であり、神と対話し親しく交わる時間であった。私が讃美歌を歌い、聖書を読み、お祈りをした後、加来牧師がその聖書の一節を解き明かした。それは私にとっても幸せな時であり、一人で聞くのはもったいないといつも思った。

ある日、加来牧師がイザヤ書を開いて解説をしてくれた。それは、人間のどうすることもできない罪の現実に鋭く迫る箇所だった。

「あなたがたは身を洗って、清くなり、わたしの目の前からあなたがたの悪い行いを除き、悪を行うことをやめ、善を行うことをならい、公平を求め、しえたげる者を戒め、みなしごを正しく守り、寡婦の訴えを弁護せよ。主は言われる、さあ、われわれは互に論じよう。たといあなたがたの罪は緋のようであっても、雪のように白くなるのだ。紅のように赤くても、羊の毛のようになるのだ。」（イザヤ書1章16～18節）
この聖書の言葉を読みながら、加来牧師は心を揺り動かされた。彼は祈った。
「私たちは、折につけ、知らないうちに罪を犯し、あなたの御前で悔い改め、罪を認めなければなりません。かつては、神が私に与えてくださった豊かな恵みに深い喜びを感じ、心は常に、感謝の気持ちで満ちていました。ところが、いつの間にか、私の心に高慢な思いが起こり、自分がいかに弱く、罪に汚れた者であるかを忘れていました。私に欠けているものは、まさに神の御前における悔い改めです。」
加来牧師が自らの傲慢さを捨て、自分の弱さと汚れを見つめて、悔い改めている姿に私は深く心探られた。人が神の前に一人の罪人として立つ――そこに、人間の真実の姿がある。

## 神は愛なり

クリスマスが近づくと、私たちは思いがけず、神戸のＹＷＣＡから講師としての招きを受けた。土曜日に開かれるクリスマス集会で、メッセージの奉仕をしてほしいというのだ。神戸中華教会の楊牧師は、そのことを知ると、すぐに連絡をくれた。日曜日には礼拝で加来牧師に説教を頼む、というものだった。

　ああ、神戸で、私たち夫婦が神様の奉仕をさせていただく機会が与えられたのだ。神戸は、私にとっては第二の故郷のようなものだった。さまざまな思い出がよみがえる。私はここで多くの試練に遭ったが、同時に多くの愛を与えられた。神の愛を初めて知ったのも、神戸時代だった。

　日曜の夜、宿泊したホテルで、加来牧師と私は、教会の礼拝でメッセージの奉仕が許されたことを感謝した。加来牧師はこう言った。

「今日、中華教会で説教した時、君がそばに立って中国語に通訳した。この体験は、中国での福音伝道の訓練を一回行ったみたいだった。神が私たちに道を開いてくださるなら、僕は北京へ行き、ぜひ伝道所を開いてみたいと思う。僕が説教し、君が通訳するんだ。東京へ戻ったら、僕はテレビの中国語講座で中国語の勉強を始めるよ。」

　今回の神戸での奉仕が、あまりにも深い感動を与えたからかもしれない。東京へ戻る途中、剛希牧師と私は、神戸から最も近い関西の小さな教会からの招聘を受けようと考えていた。

　東京へ戻ると、もうクリスマス・イブだった。日曜日、以前から招かれていた世田谷の教会へ行き、加来牧師はメッセージの奉仕をした。この教会からは、前に牧師としての招聘を打診されていた。だが神戸に行った後、加来牧師は、やはり関西の教会に行こうと決意していた。だから、その日曜のメッセージは最後の奉仕になると決めていた。

ところが、事は簡単にはいかなかった。その日曜の礼拝後、世田谷の教会が正式に加来牧師を主任牧師として迎えることを決定したというのだ。加来牧師は、なんと答えてよいのかわからず考え込んでしまった。

「私たちにもう一度、検討する時間をいただけないでしょうか。関西の教会も私たちの招聘を決めているのです。」

招聘委員会の兄弟姉妹たちは、加来牧師の言葉に失望したようだった。そのあと、ある姉妹が祈りの中で耐え切れず、泣きながら言った。

「神よ、私たちを憐れみ、加来剛希牧師が関西の教会を断り、私たちの教会に就任するようお計らいください。」

帰る途中、長い沈黙が続いた。そして剛希牧師は、最後にひとこと言った。「こうなった以上、僕たちは世田谷の教会に就任することにしよう。」

一九九七年四月二十日、教会は私たちの牧師就任式を行った。五月、牧師館のベランダで、二色のジャスミンが清々しい香りを放つ頃、日本バプテスト連盟本部が五十周年記念大会を開催し、各教会の代表が西南学院大学の礼拝堂に集結した。加来剛希牧師も招かれて、大会でサクソフォンの演奏を行い、彼独特のジャズ風の演奏が母校の礼拝堂に再び響き渡った。

八月、教会の玄関前と牧師館のベランダに「天使のラッパ」の真っ白な花が満開になった頃、四名の兄弟姉妹のバプテスマ式を迎えた。私は、神戸中華教会で滴礼という洗礼を受けたので、バプテスト教会に入会するため、そのバプテスマ式で加来牧師から改めて浸礼（バプテスマ）を受けた。

この教会では、四、五年はバプテスマ式が行われていなかった。それだけに、この日、四名が洗礼を受けたことの喜びは大きかった。

牧師館のベランダに「天使のラッパ」が咲いた頃、教会で数年ぶりのバプテスマ式を行った

一九九七年のクリスマスが近づき、教会内に六名からなる小規模のブラスバンドが結成された。四本のサクソフォン、トロンボーン、トランペットのバンドで、イブ礼拝の前に駅前広場で演奏して主を賛美し、道行く人に福音のビラを配り、教会へ来てくださいと呼びかけた。

クリスマス前にＹＭＣＡの日本語学校から、留学生歓迎のクリスマス集会で賛美と証しの奉仕を依頼された。その集会では、私は初めて公衆の面前で、加来牧師の演奏する「アメージング・グレース」にエレクトーンで伴奏を加えた。

世界各地から来た留学生たちを前に、彼らの異なる肌の色を見て、私は八年前の自分を思い出した。――もし、神が存在せず、神の教会がなかったならば、私はきっと闇の中を、なんの希望もなく、もがき苦しんで歩いていただろう。

「神様、なんというお恵みでしょう。私を選んでいただき、どんな時にも、私から離れず、お導きくださった……」

集会が終わって東京ＹＭＣＡ会館を出ると、雪が降っていた。クリスマスが近づいた東京の街に、心温かくロマンチックな祝日の雰囲気が漂っていた。加来牧師はサクソフォンを背負い、私のカバンには聖書と讃美歌集が入っている。私たちは手をつないで、雪が舞い落ちる街を歩いた。

新宿駅付近に近づいた時、十字架が高くそびえる教会が視界に入った。私たちは会堂正面の壁に、日本語、英語、中国語、韓国語など各国の文字で、聖書の一節が書き記されているのを見た。

「神は愛なり」
「GOD IS LOVE」
「하나님은 사랑이십니다（ハナニムン　サランイシムニダ）」
「神就是愛」

これは、イエス・キリストの弟子の一人ヨハネが書いた第一の手紙四章に出てくる言葉である。私たちは思わず足を止め、しばらくの間、この世界中で最も美しい「神は愛なり」という言葉の意味を反芻していた。そうだ、神の愛は国を超え、民族を超えて、世界中に及んでいるのだ。

人々は、平和な新世紀を心から求めているのに、現実は、日増しに凶暴化する民族紛争や、宗教紛争が世界中で起こっている。その現実の中で、この新宿の教会は、神の御心を知らせようと率先して、各国の人々に平和の福音を伝えている。

加来牧師が言った。「すばらしい！　僕たちの教会も小さいけれど、少なくとも会堂前に日本語と中国語を並列して〝神は愛なり〟と書けるんだ。」

雪がひらひらと舞っている。私が今しがたの集会で加来剛希牧師が演奏した、あの「アメージング・グレース」をそっと歌い始めると、加来牧師が彼のバスの歌声でハーモニーを付けた。私たちは肩を並べて歩き、あの各国の文字で書かれた聖書の一節、「神は愛なり」の深い意味を長い間、噛みしめていた。

聖書は私たちに教えている。神はその独り子なるイエスを地上に住まわせるほどに、この世を愛された。彼が十字架上で成した救いは、人類を神と和解させ、人が互いに愛し合う道を備えてくださった。人類は民族、肌の色、性別、階級、地位を一切問わず、みなが神の愛のもとに自由と平和を求めることこそが、神が喜ばれる真実なのだ。（完）

# おわりに

私は中国人の娘であり、日本人の妻です。私は中国を愛し、同じように日本をも愛していま す。両国のメディアのほとんどが、両国のマイナス面の報道に熱心で、その偏った情報に影響 を受け、それぞれの国民が互いに嫌悪を募らせていることは、たいへん不幸なことだと思いま す。

考えていただきたいのです。ここ数百年にわたり、民族の恩讐が燃え盛る火と流血の悲劇を 引き起こし、それが今も、地球のさまざまな場所で繰り返されているのです。

私は、自分と夫のそれぞれの家族のこと、身の上のことをさまざまな資料をもとに書き記し ました。それは、あの戦争が両国の国民にもたらした切実な痛みを忘れず、私たちの人生にお ける過ちを反省し、中国人には日本を理解し、日本人には中国を理解していただきたいという 切なる祈りがあるからなのです。友好の橋は、壊すのは簡単で築くのは難しい――それが私の 実感です。

歴史を記録することは、恨みの種を蒔くことではなく、あれほどの大量虐殺と破壊がどうして起こったのかを検証して、再びその悲劇を起こさないための作業でもあります。私たちは戦争を憎むのであって、人々を恨むのではありません。

『あなたの敵を愛しなさい』という本のタイトルは挑戦的です。なぜなら、人は敵を愛することは到底できないからです。しかし、今から二千年も前に、イエス・キリストが言われたこの言葉こそ、人類の平和を実現する唯一の鍵であると信じています。

自らの心に平和がない人が、どうして、世界に平和をつくり出すことができるでしょうか。私たち一人ひとりが、次の聖書の言葉を、自分に神から直接投げかけられた言葉として心に留めたいと思います。

「『自分の隣人を愛し、自分の敵を憎め』と言われたのをあなたがたは聞いています。しかし、わたしは、あなたがたに言います。自分の敵を愛し、迫害する者のために祈りなさい。」

(マタイによる福音書5章43、40節)

《解説》

# 今、中国のキリスト教会で起こっていること

守部 喜雅

## 家の教会の誕生

英国の教会指導者の一人であったジョン・ストット氏は、生前、中国の教会の歴史について言及し、「今、中国の教会で起こっていることは、もしかして、キリスト教二千年の歴史の中で最も大きな出来事の一つかもしれない」といった意味の発言をしていました。

なぜ、それほど大きな出来事なのか？　それは、一九四九年十月一日、共産主義国家・中華人民共和国が建国以来、キリスト教は厳しい政府の管理の下に置かれ、伝道の自由も奪われたにもかかわらず、この七十年間におそらく世界で最も多くのキリスト教徒を生み出した事実があるからです。具体的には、一九四九年当時七十万人余りだったクリスチャン人口が、六十年後には一億を超える信者数になっているという報告もあります。

中国のキリスト教会は大きく分けて、政府公認教会である「三自愛国教会」、非公認で独自の歩みを続ける「家の教会（家庭教会）」、そしてカトリック教会があります。

十年前の統計では、政府公認教会が約三千万人、家の教会が六千万人、カトリック教会が一千万人となっていましたが、現在は、それがさらに増えている可能性があります。

当時を建国当時に戻してみましょう。一九五一年、中国共産党政府は宗教政策を打ち出し、当時あったすべての教会に対し、政府公認教会に加わるよう布告を出しました。その結果、九〇パーセント以上の既成のキリスト教会は、やむなく三自愛国教会に加盟することになりましたが、信仰の問題に共産党が関与することを良しとしないキリスト教徒たちはそこに加わらず、独自の信仰者の群れを形成する道を選んだのです。それが「家の教会」の誕生です。

しかし、政府公認の教会に加わらないことは、政府側から見れば、反革命分子と見なされました。しばらくは政府も静観する態度を取りましたが、一九五六年から家の教会への弾圧が本格化し、約千人の牧師や伝道者が反革命分子の罪状で逮捕され、その多くが二十年以上の労働改造所送りとなりました。

## 労働改造所にて

筆者が中国を訪れ、初めて家の教会の集会に参加したのは、一九八〇年のことです。その時、二十三年の労働改造所生活から解放され、自宅に戻ってきたばかりの中国人伝道者の男性に会うことができました。彼の話によると、逮捕された時、結婚を約束した女性がいましたが離れ離れとなり、後にその女性は辺境の地にある労働改造所を訪ねてきてくれたと言います。差し入れの食べ物は大きな中国の饅頭です。実は、その饅頭の中には、聖書の文書が練り込まれ隠されていたのですが、検閲でそれがわかり、伝道者の手に聖書の文書が渡ることはありませんでした。

　以来二十年以上、伝道者は聖書のない信仰生活を送ることになりますが、暗記した聖書の字句を、そして讃美歌の歌詞を、毎日のように繰り返し唱え、それが大きな信仰の支えになったと語ってくれました。

　労働改造所生活の中で一番きつかったのは、肉体労働以上に、毎日のように夜、行われる思想改造の学習会だったといいます。キリスト教徒である伝道者には批判が集中し、精神的に追い詰められることもしばしばでした。ある日の夜、いつもの学習会の席で他の囚人が発言している時、ついに伝道者の心にこの不条理に対する怒りがこみ上げてきて、「主よ、なぜなのですか。あなたに従っている私が、こんなにも苦しまなければならないのですか」と神に対してその怒りをぶつけたのです。

　すると、心の中で祈っている伝道者に、幻としてある光景が浮かんできました。それは、湖の岸辺にたたずむ二人の人影の光景で、その一人がイエス様、もう一人が自分自身でした。イエスは尋ねます。「あなたは、わたしを愛するか。」それを聞いた時、伝道者の心に走馬灯のように、過去の罪にまみれた自分が、その罪を赦され、希望の人生に移されたという、恵みともいえる出来事が次々に浮かんできたというのです。

「イエス様、わたしは、あなたを愛します。」心の中でそっとつぶやいた時、伝道者の心の中に、たとえようもない平安が訪れたといいます。以来二十年近く、労働改造所生活は続きますが、一度もイエス様への信頼を失うことはありませんでした。

## 四川省の村で

十五年ほど前、四川省の揚子江の源流に近い村を訪ねたことがあります。その村にキリスト教が伝えられたのは、その時から数えて十年前のこと。ある日、一人の家の教会の中国人伝道者がその村を訪ねてきました。聞くと、その村に、末期がんに冒され死を待つばかりの中年女性がおり、葬儀の準備をしているというのです。伝道者は患者の病床を訪れました。そして、「あなたの罪を告白し、イエス・キリストを救い主と信じるなら、あなたは天国に行けます」と、キリスト教の福音を語ったのです。その女性は、初めて聞くイエスの話に感動し、信じました。

家の教会の伝道者は次の村へ移動して行きましたが、残された病床の女性は、心の底から湧き上がる喜びを感じていました。やがて、体が回復に向かっているのに驚いた家族の人たちは、二週間後、町の病院に患者を連れて行ったところ、検査の結果、悪性腫瘍が消えていたというのです。

筆者は、この話をその患者の女性から直接聞きました。彼女は、自分の身に起こった信じられないような出来事を村の人々に伝え始めました。おもしろいことに、彼女は自分のために用意されていた棺桶にちょこんと座って話をするものですから、うわさはうわさを呼んで千人もの村人が次から次へとやって来て、彼女から「イエス様はあなたを愛しています」というメッセージを聞いたのです。

三か月後、騒ぎを聞いた町の公安がやって来て、彼女は逮捕されます。しかし、初犯ということもあり、今後一切騒ぎを起こさないという約束をして釈放されました。

筆者たちがその村を訪れた時は、その群れができてから十年が経っていましたが、なんと、その地域に七百以上の家の教会が生まれ、総勢一万人以上のキリスト教徒が信仰を守っているというのです。棺桶に座って証ししていたあの女性は、群れの創設者でありリーダーでもあるのですが、日中はいつも床掃除をしている姿が印象的でした。しかし、いったん説教する場面になると、毅然としている姿に感動を憶えたものです。彼女のほかに、数十名の若い伝道者も彼女を助けて働いていました。彼女が「私は伝道者として未熟です。もっと学ばなければなりません」と、各地で開かれている伝道者訓練会に参加して謙遜に学んでいる姿も印象的でした。

その四川省の村で、日曜日の夜にいくつかの集会をそっと訪れ、集会場の端っこでそのようすを見ることができました。ある集会は、ジャガイモなどを貯蔵する倉庫の中でした。礼拝に集う人々が夕方六時頃にやって来ます。互いに話しかけるでもなく、黙って集会場に入った人々は、ひざまずいて祈り始めたのです。やがて賛美が聞こえてきました。あとで聞くと、聖書にある詩篇の歌詞に四川省の地元で歌われている民謡の曲を合わせて歌っているということでした。

賛美と祈りの時間が延々と続きます。日本からの一行は、途中でそこを離れ、次の集会に向かいました。その集会には三十人ほどの人々が集まり、若い女性が聖書を読んでいます。他の人々には聖書はありません。実は、この四川省の村に日本からクリスチャンが訪れたのは、まだ聖書を持っている人々が少ないこの群れのために、日本で印刷された中国語の聖書を届けるためだったのです。

この後、ほかに二つの家の教会の集会を訪れ、村の中心にある広場に戻ってきたのが夜の十時を回る頃でした。突然、まわりの家々から賛美が流れてきたのです。その時から十年前、その村には一人のクリスチャンもおらず、教会ももちろん一つもありませんでした。その地域は霊山といわれた峨眉山《がびさん》のふもとに位置し、多くの原始宗教がはびこっている場所だとも聞きました。その場所で、イエス・キリストをたたえる賛美が流れている——それは初代教会を彷彿とさせる夢のような光景でした。

### 「ラブ・チャイナ」国際会議

共産国・中国は、建国後二十年以上にわたって、「竹のカーテン」で外部との接触に厳しい制限を設けていました。日本も例外ではなく、日本から中国へ観光旅行が可能になったのは一九七八年からです。

しかし、中国の門戸が開かれる前から、将来の中国宣教に備えて祈り、準備をしていたキリスト教宣教団体はありました。その一つが、オランダに本部があった「オープン・ドアーズ」という宣教団体です。総裁のブラザー・アンドリュー氏は、戦前オランダに侵攻したナチス・ドイツに対し抵抗運動をしたクリスチャンで、戦後、苦難の中の教会を助けることを目的に「オープン・ドアーズ」を設立、共産圏やイスラム圏、また北朝鮮やアルバニアなどの無神論国家に対しても、宣教の働きを秘密裏に行っていました。

一九七五年、フィリピンのマニラで「ラブ・チャイナ」という国際会議がオープン・ドアーズの主催で開かれました。この会議は、やがて中国の門戸が開かれた時に備えることを目的に開かれ、具体的には、中国語の聖書百万冊を中国の家の教会に届けようという計画が提案されました。

この会議には、日本からも十数名が参加、筆者もクリスチャン新聞記者として取材のため同行していたのです。

この会議の中で、個人的に筆者に強く迫ってきた出来事が二つありました。一つは、ブラザー・アンドリュー氏のメッセージの内容です。アンドリュー氏はこう訴えたのです。

「われわれ自由圏に住むクリスチャンは、なぜ私たちに自由が与えられているかを考えてほしい。今、世界には五十億（一九七五年当時）の人々がいるが、その半数の人々は、共産圏やイスラム圏などキリスト教を迫害する国に住んでいる。しかし、その苦難の中に生きるキリスト者たちも、キリストのからだなる教会に属する主にある兄弟姉妹なのだ。からだは一部分が痛めば全身が痛む。私たち自由圏に住むクリスチャンが、痛んでいる兄弟姉妹の痛みを感じないでいられるだろうか。」

アンドリュー氏は、かつて中国に行った時のことを証ししました。あの万里の長城に登って、「主よ、百万冊の中国語聖書を、いつの日か届けさせてください」と祈ったというのです。

「ラブ・チャイナ」の会議で、私がショックを受けたもう一つの出来事は、日本軍のアジア侵略にまつわる出来事でした。

会議の休み時間のことです。日本から一緒にマニラに来ていたアメリカ人女性宣教師が、泣きながら私のもとへ走って来たのです。

「どうしました？」私の質問に、女性宣教師が答えました。会議に出ていたフィリピン人クリスチャン女性と出会った時のこと、その女性は、日本からクリスチャンが会議に来ていることを知ると、「私の父と母は日本軍兵士に殺されました。私はクリスチャンですが、日本人をどうしても赦せないのです」と言ったというのです。

「この問題をそのままにしてはいけない。」日本からの参加者のリーダーが、全体会議の前、八百人を超える会衆にこう語りました。「みなさん、私たちは日本から来たクリスチャンです。日本はかつてアジアの国々を侵略し、多くの人々の命を奪いました。そんな日本の教会が、どのように中国宣教の重荷を担うことができるのか。どうか、日本の教会のために祈っていただけないでしょうか。」翌日、日本のために特別に祈る祈禱会には、二百人以上の世界各国の参加者が集まってくれたのです。

「ラブ・チャイナ」におけるこの二つのチャレンジは、日本からの参加者にも大きな課題となりました。後に中国への宣教師として立ち上がった人もいましたし、オープン・ドアーズの協力で、一九八二年には、中国の家の教会へ中国語の聖書や信仰書を届ける「いのちの水・計画」の働きも始まりました。

## 中国へ聖書を届ける

一九六六年、中国全土に文化大革命の嵐が吹き荒れた時、当時中国各地にあったキリスト教会は、紅衛兵の攻撃の的になりました。国の最高指導者・毛沢東から、古い価値観に縛られたあらゆるものを抹殺せよとのお墨付きをもらった紅衛兵たちは、次々とキリスト教会を襲撃、そこにあった聖書や讃美歌を燃やしていったのです。この本の原作者の李北利さんも紅衛兵時代、北京のキリスト教会の襲撃に参加、仲間が聖書や讃美歌を燃やした光景を見ています。

あの文化大革命によって、中国にあった中国語聖書の九〇パーセント以上が燃やされたという事実は、決して誇張ではありません。ですから、一九七八年に日本から中国への旅行が可能となると、旅行団に加わったクリスチャンの旅行バッグには、たくさんの中国語聖書が詰め込まれるようになったのです。

「どうか、中国語聖書を届けてください」とは、オープン・ドアーズなど、中国人との秘密のルートを確保していた宣教団体に、中国の家の教会から届いた叫びなのです。家の教会のクリスチャンにとって、聖書がないことは霊的飢饉を意味しました。

「アメリカ人のクリスチャンが中国へ聖書を運ぶということと、日本人のクリスチャンが中国へ聖書を運ぶということは、全然意味が違います。」

ある時、オープン・ドアーズのスタッフの一人にそう言われたことがありました。その意味がおわかりでしょうか。そうです。このスタッフは、日本のクリスチャンには、かつて侵略した中国の人々との和解の使命が与えられている、ということを言いたかったのです。

かつて、人を殺す武器を持って中国へ行った日本人が、今度は、人を生かす聖書をもって中国へ和解の使者として行く――ここに、歴史を支配される主なる神の、深いご計画があるというのです。

## 黄土高原への道

この三十有余年、中国のキリスト教事情も大きく変化を遂げました。信徒の数が急激に増えたこともそうですが、中国語聖書が海外からしか供給できなかったのが、一九九〇年代になると、政府公認教会では中国語聖書の印刷が許可され、広く普及するようになったということです。ですから、都会のキリスト教書店で、家の教会のクリスチャンも聖書を購入できる道が備えられました。これは大きな朗報です。

この変化に、それまで中国語聖書を旅行者として届けていた宣教団体の中には、その働きをやめていく例も多くあります。その中で、日本で始まった「いのちの水・計画」だけは、今も家の教会に聖書や信仰書を届けるその働きをやめていません。その理由は、この団体が、あくまでも中国の家の教会のリクエストに応えていくという原則に立っているからです。すでに聖書がある群れからは、「今度は、福音的な注解書を送ってください」という要望や、「伝道者のために福音的注解が付いた聖書を送ってください」といった声が、各地から届いているということです。

辺境の地にある家の教会からは、今も、「みことばを届けてください」とのリクエストが続いています。

黄土高原にあるその群れからのリクエストが届いたのは、十三年前でした。そこにある群れは、今から百五十年前、イギリスの宣教師ハドソン・テーラーによって福音の種が蒔かれた地で、自分たちはチャイナ・インランド・ミッション（現地では「内地会」）の群れと言っています。この群れも、あの文化大革命の時、聖書を燃やされ、以後三十年以上、聖書なしの信仰生活を送ってきたというのです。

この地は、かつて日本軍が侵略した地域でもあります。日本から聖書を届ける働きは十三年前から始まりましたが、最初の五年間は、この聖書は日本人クリスチャンが運んだものだとは、現地の家の教会の人々には知らされていなかったということです。それほど微妙な問題が日本と中国の間にあることを痛感させられました。

筆者は二〇一一年に現地を訪れましたが、その時はむしろ、現地のクリスチャンも日本人クリスチャンが黙々と中国のクリスチャンに仕えてきた経緯を知り、主のみ名をともにあがめたのです。

昨年、都会にある家の教会の女性伝道者から、次のような言葉が届けられました。この伝道者は、日本から届けられた伝道者用の聖書や注解書を各地の伝道者訓練学校に頒布する働きを担っていますが、筆者はこの言葉に、日本の教会に対する神の計り知れないご愛を感じることができたのです。

「三十年以上にわたって、中国のために祈り、重い本を届けるためだけに中国に来て、名前も告げずに帰っていく日本の兄弟姉妹たち。キリストの陰に自らを置いて、黙って仕え続けるお姿から、私はバルナバを思い起こします。バルナバは、後に偉大な主の働き人となるパウロを見いだし、ともに伝道の働きに用いられた神の器です。また、パウロの良き友であり、良き同労者でした。しかし、第二次伝道旅行より二人の働きは分かれ、その後の記述はパウロが中心となり、バルナバの名は聖書から消えます。日本の兄弟姉妹たちは、このバルナバのように、中国の家の教会の歴史の表舞台には出てきません。しかし、中国に広がる主の働きの豊かな実、家の教会のリバイバルは、日本の兄弟姉妹たちの長年の愛と祈りに深くつながっています。バルナバがいたからパウロがあるように、日本の兄弟姉妹がいたから、現在の中国の家の教会があるのです。日本の皆様に心からの感謝を申し上げます。」

## 壊される教会堂

二〇一五年九月、雲南省の山岳地帯に住む少数民族の村の家の教会を訪ねました。着いたのは土曜日の夜でしたが、農作業を終えた伝道者の一人がこんなことを言いました。「私たちの今年の教会の標語は〝教会の危機〟です。」

驚いた私たちに、その伝道者は、教会の危機の意味をこう説明したのです。「こんな山奥にも、世俗化の波が押し寄せてきています。かつては神のみ心を第一にしていたクリスチャンも、今は家庭のこと、経済的なこと、子どもの教育のことなどを第一にして、キリストに従うという道を忘れてしまいがちです。」

貧しい村だけに、多くの若い男子は都会に出稼ぎに行く。そこには誘惑も多いというのです。家の教会も世俗化の波に影響されているとは、都会の教会でよく聞いた問題でした。しかし山岳地帯の村でその問題を聞くとは、予想もしていませんでした。とはいえ、その現状をリーダーが「教会の危機」と感じていることに、中国の家の教会の健全な姿を見る思いがしたのも事実です。

実は今、中国のキリスト教会は、これまでになかったような政府からの圧力を受けているという情報が流れているのです。

二〇一四年四月、浙江省の温州市にあった三自愛国教会の一つ「三江プロテスタント教会」で突然、十字架の撤去と教会堂取り壊しが始まったというニュースが、日本でもテレビ放映されました。非公認の教会が弾圧を受けるならまだしも、公認教会がこんなひどい仕打ちを受けたわけですから、習近平国家主席のキリスト教弾圧政策の始まりととらえる人もいました。事実、それ以後、十字架撤去や教会堂破壊は他の省でも続き、二〇一五年末までの情報だけでも、中国全土で二千以上の公認教会でそのような弾圧があったと報じられています。

なぜ、そのような事態を招いたのか。一つには、共産党員の中に多くのクリスチャンが潜在していることに、中国政府は危機感を感じていると言われています。その証拠に、クリスチャンであることがわかると、共産党を脱党させられるというのです。特に温州の場合、人口の二〇パーセントがクリスチャンで、町に十字架があふれている状況に、新しく就任した地元政府の指導者が激怒したという経緯も報告されています。

このような事態を、では家の教会のクリスチャンはどう見ているのか。これまでにない緊張の中にあるというリーダーもいました。しかし一方で、いつの間にか世俗化の波を受けていた家の教会にとって、もう一度初心にもどり、キリストのみ足のあとをたどる信仰を回復する良い機会ととらえる人々もいるのです。

「どうか、迫害が来ないようにと祈らないでください。そうではなく、どんな状況でも、私たちの信仰がなくならないように祈ってください。」

中国のためにどう祈ったらよいでしょうか、という私の問いに、そう答えた家の教会の伝道者の姿が、今も忘れられません。

〈参考文献〉


『文革大年表』趙無眠著・明鏡出版社
『紅衛兵とヒッピー』任之初著・明鏡出版社
『毛沢東秘録　上・下』産経新聞社

李北利（リ　ペイリ）

1945年　日中戦争末期、中国山西省で生まれる
1968年　中国人民解放軍芸術院演劇学部卒
1994年　聖和大学教育学部キリスト教教育学科卒
1996年　東京キリスト教学園共立基督教研究所卒
　　　　加来剛希と結婚
1998年　加来剛希牧師、日野神明キリスト教会就任
1999年　2月、加来牧師逝去。
　　　　2002年まで、李氏が同教会牧師
2003年　嬉野キリスト教会協力牧師（2008年まで）

守部喜雅（もりべ　よしまさ）

1940年、中国・上海生まれ。慶應義塾大学卒。1977年から97年までクリスチャン新聞記者・編集長。現在は同編集顧問。ジャーナリストとして四半世紀にわたり、中国大陸のキリスト教事情を取材。著書に『レポート中国伝道』『中国・愛の革命』『聖書を読んだサムライたち』『勝海舟最期の告白』『龍馬の夢』『天を想う生涯』『ザビエルと天皇』（いのちのことば社）など。

# あなたの敵を愛しなさい

## 牧師になった元中国紅衛兵

2016年12月10日 発行

原 作 李北利（リ・ペイリ）

編著者 守部喜雅

翻 訳 浅沼扶美子、呉麗子、張 弘、富田栄

印刷製本 モリモト印刷株式会社

発 行 いのちのことば社

〒164-0001 東京都中野区中野2-1-5
電話 03-5341-6922（編集）
03-5341-6920（営業）
FAX03-5341-6921
e-mail:support@wlpm.or.jp
http://www.wlpm.or.jp/


ISBN 978-4-264-03612-8